Working with Spanish

Level 1

Coursebook

Juan Kattán-Ibarra

Tim Connell

Stanley Thornes (Publishers) Ltd

First published in 1984 by:
Stanley Thornes (Publishers) Ltd
Ellenborough House
Wellington Street
CHELTENHAM GL50 1YW
England

This edition published in 1995

98 99 00 / 10 9 8 7 6 5 4

A catalogue record for this book is available from the British Library.

ISBN 0 7487 2015 4

New illustrations by Shaun Williams
Typeset by Tech-Set, Gateshead, Tyne and Wear
Printed and bound in Great Britain at Redwood Books, Trowbridge, Wiltshire

Introduction

Working with Spanish – Level 1 is designed for anyone needing to use the language for practical purposes. It is based on common situations likely to crop up on holiday or during travel (buying tickets, asking directions, etc.). Each Unit illustrates a particular language function (asking and giving personal information, detailing future plans, etc.), which is developed by means of dialogues and group exercises. The Units are also graded structurally, and the grammatical points introduced are listed at the end of each Unit in order to consolidate what has been covered. There is a consolidation unit after every four lessons and a full Grammar summary after the last consolidation unit.

These key aspects of the language are built up so as to give students practice in skills they are likely to need when working with the language; letter writing, translating or summarizing for example. Each Unit also has a listening comprehension exercise which presents students with a wide range of situations.

The vocabulary introduced in this volume is essentially practical, in that it has been selected to provide students with a command of the language for use in everyday contexts, and in addition to familiarize them with the more specialized terminology they will need if they find they have to 'work with their Spanish'.

Recorded material is available for use with this course, and items on tape are indicated in the book by the symbol . The dialogues have all been recorded twice: first without pauses and then in exploded form giving the student the chance to repeat in the pauses. Transcripts of listening comprehensions appear at the back of the book. From an early stage, it is desirable that students become used to listening to the authentic Spanish of Spain and of Latin America, and both Spanish and Mexican speakers are used. The latter are used to record the listening comprehensions for Units 2, 6, 7, 9 and 11 (second one only).

Students who have completed this volume can proceed to the Coursebook for Level 2 which, in addition to developing language skills towards an intermediate level, introduces more advanced work such as ad hoc interpreting.

Contents

Introduction
Acknowledgements

Acknowledgements

The authors and publishers wish to express their gratitude to Begoña García and Rosa Hernando of City University, and Amanda Thompson of the Spanish National Tourist Office for their help in providing realia, and to Cambio 16, RENFE and Avis for source material.

For the use of photographs thanks are due to Luis Carrasco (page 89); Iberia, Airlines of Spain (page 71); International Coffee Organization (page 90); Juan Kattán-Ibarra (pages 21, 41, 57, 70, 93, 94, 100, 112, 114, 115, 121); Juan Luzzi (page 73); Mexican National Tourist Office (pages 38, 64); SEAT (page 81); Shell International Petroleum (pages 46, 87, 132); Spanish National Tourist Office (page 111); Ron Wallace (pages 22, 37, 81, 114); Wines from Spain (page 33).

Every effort has been made to trace copyright holders for material used in this book. However, in one or two cases this has not been possible; the publishers would be pleased to hear from anyone claiming copyright for such material and to make the necessary arrangements.

Original material was recorded by Teresa Barro, Julia Zapata, María Asensio, Miguel Peñaranda, Carlos Téllez-Rojo and Martín Santiago. New material was recorded by Eloísa Fernández, Mari Luz Rodrigo, Carlos Fernández and Guillermo Reinlein. Special thanks are due to Graham Williams of The Speech Recording Studio.

Unidad 1

Soy de Madrid

What you will learn in this unit
- To give your name
- To state your nationality
- To say where you come from
- To say what your job is
- To say who other people are, where they come from and what their occupation is

Asking and giving personal information

Dialogue

1 At a business conference, Carlos García, a Spanish businessman, meets Angela Rodríguez, manager of a travel firm.

Señor García	(*Approaching señora Rodríguez*) Buenas tardes. ¿Es usted la señora Rodríguez?
Señora Rodríguez	Sí, soy yo.
Señor García	Yo soy Carlos García.
Señora Rodríguez	Usted es el gerente de Comercial Hispana, ¿verdad?
Señor García	Exactamente.
Señora Rodríguez	Mucho gusto.
Señor García	Encantado.

1

2   During a coffee break, on the second day of the conference, señor Montes, a businessman from Madrid, meets señor Palma, from Salamanca.

Señor Montes   Buenos días.

Señor Palma   Buenos días.

Señor Montes   Yo soy Antonio Montes, de Madrid.

Señor Palma   Encantado. Yo me llamo Alfonso Palma. Soy de Salamanca.

Señor Montes   Mucho gusto.

Practice

1   Study this personal information:

Me llamo Angela Rodríguez.
Soy española.
Soy de Valladolid.
Soy la gerente de Turismo Iberia en Madrid.

Me llamo Carlos García.
Soy español.
Soy de Madrid.
Soy el gerente de Comercial Hispana.

Now what can you say about yourself?
Choose what is appropriate:

Me llamo (*your name*).
Soy (*inglés/inglesa; norteamericano/norteamericana; alemán/alemana; francés/francesa, etc.*).
Soy de (*Londres; Nueva York; Hamburgo; París, etc.*).
Soy (*estudiante; empleado/empleada de...; gerente de...*).

2   Get together with another student and practise this situation. You are attending a conference in a Spanish-speaking country and suddenly you see somebody you are familiar with. Introduce yourself.

Usted   Buenos días. Es usted (*name*)?

Él o Ella   Pues sí, soy yo.

Usted   Yo soy (*your name*).

Él o Ella   (*Recognizing you*) Ah sí, mucho gusto.

Usted   Encantado/a.

Now practise the same situation with your teacher or other members of the class. Use the appropriate greeting: *buenos días/buenas tardes/buenas noches.*

3   Study these conversations:

(a) *Pregunta*   ¿Cómo se llama usted?

Respuesta   Me llamo Antonio Morales.

Pregunta   ¿Es usted español?

Respuesta   No, no soy español. Soy mexicano.

Pregunta   ¿Es usted de la Ciudad de México?

Respuesta   No, soy de Veracruz.

(b) *Pregunta*   ¿Cómo se llama usted?

Respuesta   Me llamo María González.

Pregunta   ¿Su nacionalidad?

Respuesta   Soy venezolana.

Pregunta   ¿De Caracas?

Respuesta   Sí, soy de Caracas.

Pregunta   ¿Cuál es su profesión?

Respuesta   Soy secretaria bilingüe.

Now work out a series of conversations involving the following:

> Angela Rodríguez   Carlos García   Ignacio Román   María Labarca
> español/a   mexicano/a   chileno/a   boliviano/a
> de Madrid   de Veracruz   de Santiago   de La Paz
> gerente   contable   jefe de compras   secretaria

Can you complete this dialogue by asking the right questions?

Pregunta   ....

Respuesta   Me llamo Laura Valdés.

Pregunta   ....

Respuesta   No, no soy española. Soy argentina.

Pregunta   ....

Respuesta   Sí, soy de Buenos Aires.

Pregunta   ....

Respuesta   Soy empleada de banco.

Now answer these questions about yourself:

(a) ¿Cómo se llama usted?

(b) ¿Cuál es su nacionalidad?

(c) ¿Cuál es su profesión?

Work in pairs or a group if you can to ask and answer using this pattern.

4 Your company has advertised a job for which a Spanish speaker is required. Study this information sent by one of the applicants and answer the questions which follow.

Notice that Spanish people take two surnames – both mother's and father's. The father's name comes first.

Nombre	*Antonia*
Apellidos	*Gómez Morales*
Nacionalidad	*Española*
Ciudad y país de origen	*Toledo, España*
Profesión o actividad	*Economista*

(*a*) What is the applicant's first name?

(*b*) What is her surname?

(*c*) What is her nationality?

(*d*) What country and city is she from?

(*e*) What is her profession?

5 It is normal in most Spanish-speaking countries for people to carry an identity card of some sort. This may be called a *carné/carnet/credencial/cédula de identidad*. Here is an example. What does it tell you about the person?

6 You are working in Spain and you need to renew your work permit. Fill in this form:

E X T R A N J E R O S

S O L I C I T U D   D E   R E N O V A C I O N :

PERMISO DE TRABAJO POR **CUENTA AJENA** N.º |

1. TRABAJADOR

Apellido 1.º *Surname*   Nombre

Apellido 2.º

Apellidos de soltera: Sexo:

Nombre del padre: Nombre de la madre:

Fecha de nacimiento:

Lugar de nacimiento: Localidad: País:

marital status
Estado civil: Nacionalidad actual:

Nacionalidad de origen: Pasaporte n.º:

issued
Expedido en: el día:

valid until
Válido hasta la fecha: Domicilio en España:

número:
Calle o Plaza:

town council   *province/county*
Municipio: Provincia:

Last entry into Spain
Ultima entrada en España: Fecha:

have you been to Spain before   *was it as a*
¿Ha estado alguna vez anteriormente en España?:   ¿Lo fue como permanente?

was it as a   *Last received authorisation*
¿Lo fue como residente?   Ultima autorización recibida: Provincia de

Fecha:

You may need some of these words:

> *Reino Unido   Gran Bretaña   Inglaterra   Estados Unidos   Canadá*
> *Francia   Alemania   Holanda*
>
> *británico/británica   inglés/inglesa   norteamericano/a   canadiense*
> *francés/francesa   alemán/alemana   holandés/holandesa*

Note that you do not write nationalities with a capital letter.

7 You have had a busy day on a stand at a trade fair in Barcelona. These are some
of the cards you have collected:

Isabel Castro Salas

Jefa de Publicidad

Viajes Maya
Calle Benito Juárez 26
Acapulco
México

Mario Andrade Palacios

Jefe de Ventas

Importadora Cataluña
Calle Reina Isabel 48
Tarragona
España

Ana Farías

Jefa de Compras

Almacenes Sancho
Plaza Sucre 93
La Paz
Bolivia

Ignacio Román

Director Gerente

Agroquímica del Pacífico
Calle Santa Marta 1051
Santiago de Chile

AUSTRAL TRADING CO. S. A.

ESTEBAN FUENZALIDA
GERENTE GENERAL

TELS.: 337942 - 398741
TELEX: 340339 AUTRAL CK
FAX: 337996

MIRAFLORES 590 - OF. 9
SANTIAGO - CHILE

VIDEOBANCO

M.ª Nieves Gil Diez - Ticio
Director Comercial

Importadora JOS, c.a.
TRICKER / PUERTO LIBRE Nº 3323

ARTICULOS DEL HOGAR - ARTEFACTOS ELECTRICOS
ANTENAS DE TV - REGALOS, ETC.

José Nahón
Gerente General

CALLE IGUALDAD Nº 20-19 / TELF: (095) 618842 / APDO. POSTAL 009
PORLAMAR / ISLA DE MARGARITA / VENEZUELA

VIAJES **CONIN** S.A. DE C.V.

ABEL SANCHEZ TREVIÑO
GERENTE DE VENTAS

VIDEOBANCO & MARKETING, S.A.
Alberto Aguilera, 54 - 28015 Madrid
Tels. 242 36 60 - 248 48 06 / 98 07

CAJA DE AHORROS **BIZKAIKO**
VIZCAINA   AURREZKI KUTXA

José Mª Imax Municha
GESTION COMERCIAL

PASTEUR 12-B SUR PLAZA DE ARMAS
QUERETARO, QRO. C.P. 76000.

TELS. 4-43-17, 4-43-18
TELEX 121408 AVCOME.

Gran Via, 30-32
Teléfs 415 10 66 - 415 20 77 - Ext 2418

48009 BILBAO

Now ask and answer along these lines:

(*a*) ¿Quién es Isabel Castro Salas?
Es la Jefa de Publicidad de Viajes Maya en Acapulco.

(*b*) ¿Quién es la Jefa de Publicidad de Viajes Maya?
Es la señorita Isabel Castro Salas.

(*c*) La Jefa de Publicidad, ¿no es Ana Farías?
No, ella es la Jefa de Compras.

8 Can you find the following people at the reception being held this evening after the fair?

Daniel Maquín	**Charles Tombereau**	**Martin Pfinke**
Representante	Consejero	Asociados Schmidt
Fordhook Travel	Vin de Pays S.A.	Berlín
Londres	París	Alemania

You will need to ask something like this:

¿Es usted el señor Maquín?
No, yo soy Mario Andrade.

¿Usted es el consejero de Vin de Pays, verdad?
No, yo soy el representante de Fordhook Travel.

9 Read through these tables:

(Yo)	soy	cubano de Cuba de la Habana traductor

(Él)	es	peruano del Perú de Lima ingeniero

(Ella)	es	boliviana de Bolivia de La Paz intérprete

Now make up complete sentences like these:

(Yo) soy cubano/a.
(Él) es peruano.
(Ella) es boliviana.

Then build up by choosing from different boxes:

(Yo) soy traductor y soy de La Habana.
(Él) es de Lima y es ingeniero.

10 Reading

Look at this information about Pedro Toledo, representative of a Mexican firm:

Me llamo Pedro Toledo; soy de
México, de la ciudad de Monterrey.
Soy representante de una compañía
de productos químicos. La compañía
se llama México Química. Es una
compañía mixta, con capitales
mexicanos y norteamericanos. El
director general de la empresa es el
señor Roberto Milla. El señor Milla
también es mexicano.

Answer these questions in Spanish:

(a) ¿Quién es Pedro Toledo?
(b) ¿Cuál es su nacionalidad?
(c) ¿Es de la Ciudad de México?
(d) ¿Cómo se llama la compañía?
(e) ¿Quién es el director general?
(f) ¿Es norteamericano el director general?

Now fill in the gaps, choosing from the information below:

Me llamo ....; soy de .... de la ciudad de .... Soy .... de ....
Es una compañía mixta con capitales .... y .... El director general de la
empresa es el señor/la señora .... Él/ella es ....

Mario Andrade Palacios	de España (Tarragona)
Ana Farías	de Bolivia (La Paz)
Ignacio Román	de Chile (Santiago)
Pedro Velarde	de Argentina (Buenos Aires)
jefe/jefa de ventas	una editorial
jefe/jefa de compras	una compañía de compra y venta
director de personal	una compañía agroquímica
gerente	unos almacenes importantes
mexicanos	norteamericanos
bolivianos	franceses
chilenos	alemanes
argentinos	canadienses
Beatriz Rojas	español/a
Luz Paredes de Tapia	boliviano/a
Ernesto Torres Yglesias	chileno/a
Francisco Pena	argentino/a

Listening comprehension

Patricia Martin is working for a company in Spain. Today she is renewing her residence permit. Listen to the conversation between her and a Spanish official and then complete the following questions:

1 Answer these questions in English:

(*a*) What is Patricia's nationality?
(*b*) What is her occupation?
(*c*) What sort of company does she work for?
(*d*) In what part of Spain does she work?
(*e*) What is the name of the company?

2 Complete this form in Spanish with information about Patricia.

Nombre ....

Apellidos ....

Nacionalidad ....

Profesión o actividad ....

Reading comprehension

España ocupa la mayor parte de la Península Ibérica. La capital de España es
Madrid. Madrid es una ciudad industrial y comercial y es el centro político y
administrativo de España. Su población es de cuatro millones de habitantes
aproximadamente.

El idioma nacional de España es el español o castellano. En Cataluña, en el noreste
de España, el idioma regional es el catalán. En Galicia, en el noroeste de la
Península Ibérica también hay un idioma regional. Se llama gallego. El idioma del
País Vasco es el vasco o vascuence o euskera.

Complete these sentences with information from the text:

(*a*) La capital de España se llama ....

(*b*) La población de Madrid es de .... millones.

(*c*) El .... es el idioma nacional de España.

(*d*) El idioma de Cataluña es el ....

(*e*) .... es una región en el noroeste de España.

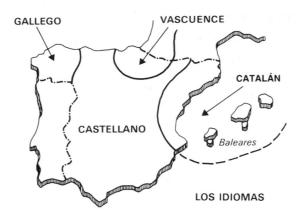

GALLEGO   VASCUENCE

CATALÁN

CASTELLANO

Baleares

LOS IDIOMAS

Summary

A   Asking and giving personal information

(i) Name:

¿Cómo se llama usted?	*What's your name?*
Me llamo Antonio Morales.	*I'm Antonio Morales.*
¿Es usted la señora Rodríguez?	*Are you Mrs Rodríguez?*
Yo soy Angela Rodríguez.	*I am Angela Rodríguez.*

(ii) Nationality:

¿Cuál es su nacionalidad?	*What is your nationality?*
Soy español.	*I'm Spanish.*
¿Es usted español?	*Are you Spanish?*
No soy español.	*I'm not Spanish.*
Soy mexicano.	*I'm Mexican.*

(iii) Origin:

¿Es usted de la Ciudad de México?	*Are you from Mexico City?*
No, soy de Veracruz.	*No, I'm from Veracruz.*

(iv) Profession:

¿Cuál es su profesión?	*What is your profession?*
Soy traductor.	*I'm a translator.*

B   Giving information about other people

Masculine	Él es peruano, es de Lima, es ingeniero.
	He's Peruvian, he's from Lima, he's an engineer.
Feminine	Ella es boliviana, es de La Paz, es intérprete.
	She's Bolivian, she's from La Paz, she's an interpreter.

C   Identifying people and asking questions about someone's identity

¿Quién es Isabel Castro Salas?
Who is Isabel Castro Salas?

Es la Jefa de Publicidad de Viajes Maya.
She's the Head of Publicity for Viajes Maya.

Grammar

1 Definite article

The Spanish equivalents of *the* are **el** and **la**.

Singular	
masculine	**el** director
feminine	**la** directora

2 Indefinite article

And the equivalents of *a/an* are **un** and **una**.

Singular	
masculine	**un** señor
feminine	**una** señora

(See also page 164.)

3 Masculine and feminine nouns

Nouns in Spanish are described as having two genders, masculine and feminine. Most masculine nouns end in -**o**, most feminine ones in -**a**, although there are a lot of other endings: -**dad** and -**ión**, for example, are always feminine.

Singular	
el español	la española
el secretario	la secretaria
el traductor	la traductora
el economista	la economista
el estudiante	la estudiante

4 Ser (present tense indicative)

Spanish has two verbs meaning *to be*: **ser** and **estar**. **Ser** has a number of distinctive usages, such as indicating nationality, origin, occupation, religion, and individual qualities.

(See also pages 25, 49, 79, 92 and 169 for further examples of both **ser** and **estar**.)

Singular

ser	to be		
yo	**soy**	de España	*I am from Spain*
tú	**eres**	español/a	*You are Spanish*
él ella } **es** usted		estudiante	*He is/She is/You are a student*

NB: It is standard practice in textbooks to list verbs in the sequence *I, you, he/she/it,* so you will see all the verb forms laid out in the book like that. For Spanish the **usted** form is added, because it is used to mean *you* in the singular, to indicate politeness to people who you don't know, or who are older or senior to you. **Tú** is for friends, family, social equals – and inferiors!

5   Interrogative and negative sentences

¿Usted es español?	*Are you Spanish?*
¿Es usted mexicano?	*Are you Mexican?*
Usted es argentino, ¿verdad?	*You're Argentinian, aren't you?*
Usted es venezolano, ¿no?	*You're Venezuelan, aren't you?*
No, soy español.	*No, I'm Spanish.*

Notice that *¿no?* invites the answer *sí*.

6   Agreement of adjectives and nouns
Nouns and adjectives have to agree, that is, they must both be singular or plural, masculine or feminine, depending on the noun.

(See pages 24 and 164–5 for more examples.)

un director español	*A Spanish director*
una compañía español**a**	*A Spanish company*

7   Possessive adjectives

Singular	
mi nombre	*my name*
tu profesión	*your profession*
su apellido	*your/his/her surname*

Su can stand for **de él, de ella, de usted** – *his, her* or *your*.

8   Question words: *¿cuál? (which), ¿cómo? how, ¿quién? who*
Spanish puts the question mark or exclamation mark upside down at the
beginning of the sentence as well as at the end. This is because questions and
exclamations affect the intonation of the sentence, and if it is a long one you
need to know how to change the inflection of your voice.

¿Cuál	es su profesión?	*What do you do for a living?*
¿Cómo	se llama usted?	*What's your name?*
		(lit. *How are you called?*)
¿Quién	es Isabel?	*Who is Isabel?*

9   Prepositions

Soy **de** Madrid.	*I'm from Madrid.*
Soy **del** Perú. (de + el > del)	*I'm from Peru.*
En el noroeste de España.	*In North-eastern Spain.*
Con capitales mexicanos.	*With Mexican capital.*

La Ciudad de México

Unidad 2

Tengo veintiséis años

What you will learn in this unit
- To say how old you are
- To say if you are married or single
- To specify your occupation
- To talk about your family
- To say how you are

Asking and giving personal information

Dialogue

1 Isabel Pérez is a secretary at Comercial Hispana. Before she joined the company she was interviewed by Antonio Lira, the personnel manager (*el director de personal*).

Sr. Lira Perdone, ¿usted es la señorita Pérez?

Isabel Sí, soy yo.

Sr. Lira Pase por aquí, por favor. Siéntese.

Isabel Gracias.

Sr. Lira Soy Antonio Lira, el director de personal. ¿Cómo está usted?

Isabel Bien, gracias.

Sr. Lira Usted se llama Isabel Pérez, ¿verdad?

Isabel Pérez es secretaria de dirección

15

Isabel   Sí, Isabel Pérez.

Sr. Lira   ¿Y cuál es su segundo apellido?

Isabel   Guerra. Isabel Pérez Guerra.

Sr. Lira   ¿Cuántos años tiene usted?

Isabel   Tengo veintiséis años.

Sr. Lira   ¿Está usted casada o soltera?

Isabel   Estoy soltera.

Sr. Lira   ¿Y cuál es su profesión?

Isabel   Secretaria. Soy empleada de una compañía de seguros.

Sr. Lira   ¿Cómo se llama la empresa?

Isabel   Seguros La Mutual.

Sr. Lira   ¿Y qué cargo tiene usted en la compañía?

Isabel   Soy secretaria de dirección.

2   On her first day at work, Isabel met señor García, the manager.

Sr. García   Buenos días. Yo soy el gerente.
               Me llamo Carlos García.

Isabel   Encantada.

Sr. García   ¿Cómo está usted?

Isabel   Muy bien, gracias, ¿y usted cómo está?

Sr. García   Bien, gracias.

Practice

1 Work with another student and ask and answer questions using Dialogue 1 as a pattern:

Nombre .....*María*..... Apellidos .....*Pizarro Rojas*.....

Edad *29 años*. Estado Civil .....*casada*.....

Profesión *periodista* Cargo .....*jefa de redacción*.....

Nombre de la empresa .....*Editorial Cienfuegos*.....

---

2 You have applied for a job in a Spanish-speaking country. In the course of an interview you are asked the following questions. Answer using complete sentences:

Pregunta   ¿Cuál es su apellido?

Respuesta   ....

Pregunta   ¿Cuántos años tiene?

Respuesta   ....

Pregunta   ¿Está usted casado/a o soltero/a?

Respuesta   ....

Pregunta   ¿Cuál es su profesión?

Respuesta   ....

Pregunta   ¿Cómo se llama la empresa?

Respuesta   ....

3 Complete this paragraph with the appropriate verb form:

Yo .... Javier Rojo, ... ecuatoriano, ... veintiocho años y ....

casado. Yo .... arquitecto en una firma constructora.

4 It is your first day at work and you have to meet a lot of people. Follow the chart and see how you get on introducing yourself to the others. And don't forget to shake hands with everyone!

Buenos días Buenas tardes Encantado/a	Me llamo *(your name)*.	¿Y usted?

Mucho gusto ¿Qué tal?	Yo soy	Javier. Enrique. Rosina. Mercedes.	Soy	el contable. la recepcionista. la jefa de ventas. el portero.

You could add conversational snippets such as:

Soy la nueva secretaria.
Soy el nuevo director de personal.
Soy de Inglaterra/Alemania/Estados Unidos, etc.

5 Memorise these numbers:

1 uno	11 once	21 veintiuno
2 dos	12 doce	22 veintidós
3 tres	13 trece	23 veintitrés
4 cuatro	14 catorce	24 veinticuatro
5 cinco	15 quince	25 veinticinco
6 seis	16 dieciséis	26 veintiséis
7 siete	17 diecisiete	27 veintisiete
8 ocho	18 dieciocho	28 veintiocho
9 nueve	19 diecinueve	29 veintinueve
10 diez	20 veinte	30 treinta

Read off these telephone numbers. (Numbers are given in pairs or single figures.)
Mi teléfono es el: 26 28 37 17   11 31 25 11   33 00 04 13

What is the exchange rate today for the lira, franc and the Danish crown?

BILLETES DE BANCOS EXTRANJEROS

	Comp.	Vend.		Comp.	Vend.
1 dólar EE UU (grande)	126,75	130,63	1 corona sueca	17,44	17,98
1 dólar EE UU (pequeño)	125,46	130,63	1 corona danesa	21,78	22,45
1 dólar canadiense	90,99	93,78	1 corona noruega	19,55	20,15
1 franco francés	24,59	25,34	1 marco finlandés	27,96	28,81
1 libra esterlina	201,44	207,61	1 chelín austriaco	12,25	12,63
1 libra irlandesa	200,62	206,76	100 escudos portugueses	83,09	85,64
1 franco suizo	101,44	104,55	100 yenes japoneses	130,67	134,67
100 francos belgas	418,52	431,33	1 dólar australiano		
1 marco alemán	86,22	88,86	100 dracmas griegas	54,43	56,10
100 liras italianas	7,79	8,03	1 dirham	13,59	15,09
1 florín holandés	76,89	79,25	100 francos CFA		

6 Writing

Look at this information concerning Luisa, a receptionist at Comercial Hispana, an import-export company:

Luisa tiene diecinueve años y está soltera. Luisa es recepcionista en una compañía de importaciones y exportaciones.

Now write a similar paragraph about these people:

Nombre	Edad	Estado Civil	Ocupación	Lugar
Pedro	24	soltero	portero	un club
Dolores	21	casada	dependienta	una tienda
Esteban	18	soltero	botones	un hotel
Paloma	30	divorciada	empleada	una fábrica

7 Reading

Read this information about Angela Rodríguez:

Angela Rodríguez es española, de Madrid. Angela tiene treinta y ocho años, está casada y tiene tres hijos. Su marido se llama José y tiene cuarenta y dos años. El mayor de los hijos, de doce años, se llama Miguel. La menor, Cristina, sólo tiene cuatro años. Angela es gerente de Turismo Iberia. Su marido es empleado del Banco Nacional de España.

Complete these sentences with information about Angela and her family:

(a) Angela es (*nacionalidad*).
(b) Ella es de (*ciudad*).
(c) Es (*profesión*).
(d) Está (*estado civil*).
(e) Tiene (*número*) hijos.
(f) El marido de Angela se llama (*nombre*).
(g) Él tiene (*edad*).
(h) Él es (*ocupación*).
(i) El mayor de los hijos es (*nombre*).
(j) La hija menor tiene (*edad*) y se llama (*nombre*).

8 Memorize these numbers:

31 treinta y uno	**50** cincuenta	**90** noventa
32 treinta y dos	**51** cincuenta y uno	**100** cien
40 cuarenta	**60** sesenta	**101** ciento uno
41 cuarenta y uno	**70** setenta	**102** ciento dos
42 cuarenta y dos	**80** ochenta	**200** doscientos

And what about these phone numbers?

9 40 88 18   5 79 41 11   4 77 82 65

9 Writing

Study this information about Carlos García and write a paragraph similar to the one in exercise 7.

Carlos García: español, de Madrid, 54 años, casado, dos hijos.
Su mujer: Teresa, 49 años.
Su hija mayor: Adela, 23 años. Estudia ingeniería.
Su hijo menor: Andrés, 20 años. Está desempleado.
Ocupación del Sr. García: hombre de negocios.
Ocupación de su mujer: ama de casa.

10 Sustained speaking

Give similar information about you and your family. You may need some of these words:

Mi marido/mujer	Mi novio/novia	Mis padres	Mis abuelos
Mi padre/madre	Mis hermanos		
Mi hermano/hermana (mayor/menor)			

Listening comprehension

At a party in Madrid, Sr García meets Ricardo Molina, a Latin American businessman. Listen to their conversation and then choose the correct answers in the following exercise:

1 Ricardo Molina es (*a*) colombiano.
(*b*) venezolano.
(*c*) mexicano.

2 Es de (*a*) Guadalajara.
(*b*) Guatemala.
(*c*) Nicaragua.

3 Es (*a*) gerente.
(*b*) subdirector de una compañía.
(*c*) director general.

4 Está (*a*) divorciado.
(*b*) casado.
(*c*) soltero.

Reading comprehension

Cataluña

España es un país de grandes contrastes geográficos, culturales, económicos y sociales. Cada región de España tiene sus características propias. En el noreste está Cataluña, una de las diecisiete comunidades autónomas en que está dividida España, y una de las regiones más industriales y prósperas de la Península Ibérica. Barcelona, la principal ciudad de Cataluña, es una ciudad cosmopolita, con una importante vida cultural y con un ambiente más europeo que el resto de la Península. Barcelona es el centro industrial, comercial y administrativo de Cataluña. Es una ciudad atractiva, con un clima agradable y gran afluencia de turistas extranjeros.

Barcelona

Las comunidades autónomas de España

Galicia

En el extremo noroeste de la Península está la Comunidad Autónoma de Galicia, zona de clima húmedo, similar al del norte de Inglaterra. Galicia es una de las comunidades menos prósperas de España, escasamente industrializada, y con una baja productividad agrícola. Las tierras de cultivo están divididas en pequeñas parcelas, y su explotación es deficiente y rudimentaria. La pesca es una actividad importante en esta región, y una gran parte de la industria conservera derivada de la pesca está concentrada en Galicia. La construcción naval, tradicionalmente una actividad económica importante en Galicia, vive – desde 1982 – una profunda crisis. La ciudad más grande de Galicia es Coruña, con una población de aproximadamente un millón de habitantes.

La pesca es una actividad importante en Galicia

Say whether the following statements are true or false. Correct false statements.

(*a*) Cataluña está en el noroeste de España.

(*b*) Es una región industrializada.

(*c*) La principal ciudad es Barcelona.

(*d*) Galicia es una región árida.

(*e*) Galicia es una zona muy industrializada.

(*f*) La industria pesquera tiene importancia en Galicia.

Summary

Asking and giving personal information

(i) Age:

¿Cuántos años tiene usted?	*How old are you?*
Tengo 26 años.	*I'm 26.*
¿Cuántos años tiene Angela?	*How old is Angela?*
Tiene 38 años.	*She's 38.*

(ii) Civil Status:

¿Está usted casado o soltero?	*Are you married or single?*
Estoy casado (soltero).	*I'm married (single).*
¿Está casada Angela?	*Is Angela married?*
Sí, está casada.	*Yes, she is.*

(iii) Exact occupation:

¿Qué cargo tiene usted?   *What job do you have?*

Soy secretaria de dirección en una compañía de seguros.
I'm a personal assistant in an insurance company.

(iv) Family:

¿Cuántos hijos (hermanos) tiene usted?
How many children (brothers) have you got?

Tengo dos hijos (hermanos etc.)	*I've got two children (brothers etc.).*
¿Cuántos hijos tiene Angela?	*How many children has Angela got?*
Tiene tres hijos.	*She's got three children.*

(v) Asking people how they are

¿Cómo está usted?	*How are you?*
(Muy) bien, gracias.	*(Very) well, thanks.*
¿Y usted (cómo está)?	*And you (how are you)?*

Grammar

1 Definite article

(See pages 12 and 164 for singular forms.)

Plural		
masculine	**los** hijos	(*the sons*)
feminine	**las** hijas	(*the daughters*)

2 Indefinite article

(See pages 12 and 164 for singular forms.)

Plural		
masculine	**unos** españoles	*some Spaniards* (male)
feminine	**unas** españolas	*some Spaniards* (female)

3 Plural of nouns

Both nouns and adjectives add an -**s** to words ending in -**o** or -**a** and -**es** to those ending in a consonant.

el hijo	los hijo**s**	*son/sons*
la hija	las hija**s**	*daughter/daughters*
el español	los español**es**	*Spaniard/Spaniards*
la región	las region**es**	*region/regions*

4 Agreement of nouns and adjectives

mi hijo menor *my younger son*	mi**s** hijo**s** menor**es** *my younger sons/children*
tu amiga española *your Spanish friend*	tu**s** amiga**s** español**as** *your Spanish friends* (female)
su hija mayor *your elder daughter*	su**s** hija**s** mayor**es** *your elder daughters*

Notice that possessive adjectives take the plural form when the noun which follows is in the plural: **mis, tus, sus** (hijos).

Mi (*my*), **tu** (*your*) and **su** (*his, her, its, your*) do not change for gender, only for the plural.

5   Question words: *¿cuántos?* (how many?), *¿qué?* (what?)

¿Cuántos años tiene usted?	*How old are you?*
¿Cuántas hijas tiene Angela?	*How many daughters does Angela have?*
¿Qué cargo tiene usted?	*What job do you have?*

6   Estar (present tense indicative of *to be*)

You will have noticed on page 12 that **ser** also means *to be*. Both verbs have particular uses. **Estar** is used in particular to indicate location or a transitory condition. (See page 92 for other usages.)

Singular			
yo	**estoy**	casado/a	*I'm married*
tú	**estás**	soltero/a	*You're single*
él ella usted	**está**	divorciado/a en España	*He/She's divorced* *You're in Spain*

7   Tener (present tense indicative of *to have*)

Singular		
yo	**tengo**	
tú	**tienes**	38 años
él	**tiene**	

NB: **Tener** is used with age: **Tengo 38 años.** *I'm 38 years old.*

Ella **tiene** tres hijos.	*She has three sons/children.*
Usted **tiene** dos hermanos.	*You have two brothers.*

(See also pages 49 and 78.)

Unidad 3

¿Cuál es su dirección?

What you will learn in this unit
- To give your date and place of birth
- To give your address and telephone number
- To say what and where you are studying
- To say what job you do and where you work
- To spell words in Spanish

Asking and giving personal information

Dialogue

1 Fernando Giménez, a student, is obtaining a driving licence (*un carnet de conducir*). Here is some personal information he has to provide.

Empleada	¿Su nombre?
Fernando	Fernando Giménez Olmedo.
Empleada	¿Giménez con 'g' o con 'j'?
Fernando	Se escribe con 'g'.
Empleada	¿Cuál es la fecha de su nacimiento?
Fernando	25 de abril de 1961.
Empleada	¿Y el lugar de nacimiento?
Fernando	Sevilla.
Empleada	¿Dónde vive usted?
Fernando	Vivo en Madrid.
Empleada	¿Cuál es su dirección?
Fernando	Calle La Mancha, 114.
Empleada	¿Tiene teléfono?
Fernando	Sí, es el 521 42 09.

2 At a party, Fernando meets Ana, another student.

Fernando   Hola. ¿Qué tal?

Ana   Hola.

Fernando   ¿Cómo te llamas?

Ana   Ana, ¿y tú?

Fernando   Me llamo Fernando.

3 Fernando and Ana have agreed to meet again. Fernando asks Ana her address and telephone number.

Fernando   ¿Dónde vives?

Ana   Vivo en la calle Vergara, 25, segundo, B.

Fernando   ¿Tienes teléfono?

Ana   Sí, es el 345 80 91.

Practice

1 Listen to the pronunciation of the alphabet in Spanish and repeat each letter as you hear it:

El alfabeto

A	B	C	D	E	F	G	H	I
J	K	L	M	N	Ñ	O	P	Q
R	S	T	U	V	W	X	Y	Z

(Note that CH and LL are no longer recognized as separate letters although they will appear under their own headings in wordlists and dictionaries published prior to 1994.)

2 Can you spell these out?

(*a*) ¿Cómo se escribe su nombre y su apellido?

(*b*) ¿Cuál es el apellido de su profesor de español?

(*c*) ¿Y de su jefe? ¿Cómo se escribe?

(*d*) ¿En qué calle vive usted? ¿Cómo se escribe?

(*e*) ¿Y la ciudad?

3 Practise these Spanish abbreviations:

CN	Carretera Nacional
CTNE	Compañía Telefónica Nacional de España
IB	Iberia
PVP	Precio de Venta al Público
RTVE	Radio Televisión Española

These may be read as whole words:

RACE	Real Automóvil Club de España
REAJ	Red Española de Albergues Juveniles
RENFE	Red Nacional de Ferrocarriles Españoles

The following words are often used in abbreviated form:

apartado (de correos)	*apdo.*	*kilómetros por hora*	*km/h*
apartamento	*Apto.*	*número*	*nº*
avenida	*Av/Avda.*	*pesetas*	*pta(s)*
calle	*C/*	*señor*	*Sr.*
compañía	*Cía.*	*señora*	*Sra.*
derecha	*dcha.*	*señores*	*Sres.*
hora	*h.*	*señorita*	*Srta.*
izquierda	*izq.*	*Sociedad Anónima*	*S.A.*

4 Los meses del año

enero	febrero	marzo	abril
mayo	junio	julio	agosto
septiembre	octubre	noviembre	diciembre

5 Los números

200	doscientos	**600**	seiscientos
201	doscientos uno	**700**	setecientos
300	trescientos	**800**	ochocientos
400	cuatrocientos	**900**	novecientos
500	quinientos	**1000**	mil

1900 mil novecientos
1980 mil novecientos ochenta
1984 mil novecientos ochenta y cuatro
1996 mil novecientos noventa y seis

2000	dos mil	**10.000**	diez mil
3000	tres mil	**1.000.000**	un millón
5000	cinco mil	**2.000.000**	dos millones

NB: The decimal point in Spain is shown as a comma, and normally in Latin America as a decimal point.

Can you read out these dates?

23 de julio de 1942	4 de octubre de 1972
5 de abril de 1951	15 de febrero de 1980
19 de julio de 1957	29 de noviembre de 1981
31 de agosto de 1964	1 de enero de 1983

6 Here are some important telephone numbers in Madrid. Try reading them out:

Policía	*091*
Urgencia médica	*222 22 22*
Telegramas	*222 29 51*
Información Taxi	*754 09 00*
Información Renfe	*247 74 00*

What about these key dates in Spanish history?

711 d.C.	1 de enero de 1492
1519	2 de mayo de 1808
1868	18 de julio de 1936
1939	20 de noviembre de 1975

(a.C = antes de Cristo, d.C. = después de Cristo *B.C.* and *A.D.*)

7 Here are some important dates of public holidays and festivals in Spain and Latin America. Can you read them out?

1 de enero	Año Nuevo	*New Year*
1 de mayo	Día del Trabajo	*Labour Day*
12 de octubre	Fiesta de la Hispanidad	*Columbus Day*
8 de diciembre	Inmaculada Concepción	*Immaculate Conception*
25 de diciembre	Día de Navidad	*Christmas Day*

8 Some useful questions and answers:

(*a*) ¿Qué fecha es hoy?   Es el (treinta de octubre).

(*b*) ¿Qué fecha es mañana?   Es el (treinta y uno de octubre.)

(*c*) ¿Cuándo es su cumpleaños?   Es el (veintitrés de julio.)

9 You are attending an interview and are asked to provide some personal information. Answer these questions as in the dialogue on page 26:

Pregunta   ¿Su nombre, por favor?

Respuesta   ....

Pregunta   ¿Cómo se escribe su apellido?

Respuesta   ....

Pregunta   ¿Cuál es la fecha de su nacimiento?

Respuesta   ....

Pregunta   ¿Y el lugar de su nacimiento?

Respuesta   ....

Pregunta   ¿Dónde vive usted?

Respuesta   ....

Pregunta   ¿Cuál es su dirección?

Respuesta   ....

Pregunta   ¿Tiene usted teléfono? ¿Cuál es el número?

Respuesta   ....

Now practise asking and answering similar questions.

10 Look at the addresses below and answer the questions which follow.

> Sr. Agustín Morales R.
> Calle Santander, 217
> Bilbao, España

(*a*) ¿En qué calle vive el Sr. Morales?
       (Vive en ....)
(*b*) ¿En qué ciudad vive?

> Sra. Mercedes Donoso
> Avda. Las Palmeras 358, Apto. 21
> México, D.F., México

(*c*) ¿Dónde vive la Sra. Donoso?

> Srta. Gloria Blanco P.
> Calle Playa Ancha 1050
> Valparaíso, Chile

(*d*) ¿Cuál es la dirección de la Srta. Blanco?

> Sr. Vicente Barrios
> Avda. Corrientes 5053
> Buenos Aires, Argentina

(*e*) ¿En qué calle vive el Sr. Barrios?
(*f*) ¿En qué ciudad y país vive?

11 Reading/Writing

Read through these details about Fernando Giménez.

Fernando Giménez es sevillano, tiene
veintitrés años y es estudiante de la
Universidad de Madrid. Estudia
Económicas y está en el quinto año de
estudios. Tiene clases sólo por la mañana.
Al mediodía come en la cantina de la
Facultad. Por la tarde trabaja en una
compañía naviera. Fernando vive con
unos amigos en un pequeño piso cerca
de la Universidad.

Here is some similar information about
Carmen, a student from Mexico. Match
each of her answers to the appropriate
question:

Respuestas
1 Soy de la Ciudad de México.
2 Tengo 21 años.
3 Estudio Derecho.
4 Tengo clases por la mañana y por la tarde.
5 Al mediodía como en casa.
6 Vivo con mis padres y un hermano.
7 En una casa bastante grande cerca del centro de la ciudad.

Preguntas
(*a*) ¿Qué estudia?
(*b*) ¿Con quién vive?
(*c*) ¿De dónde es?
(*d*) ¿Cuándo tiene clases?
(*e*) ¿Cuántos años tiene?
(*f*) ¿Dónde come?
(*g*) ¿Dónde vive?

Re-write the passage about Fernando using the first person singular of the verb, for example:

Me llamo Fernando Giménez, soy sevillano, tengo veintitrés años etcétera...

12 Sustained speaking/writing

Give the following information about yourself orally and then write a full paragraph giving the same information:

- ¿Cómo se llama usted?
- ¿De dónde es?
- ¿Cuántos años tiene?
- ¿Dónde vive?
- ¿Con quién vive?

- ¿Qué estudia?
- ¿Dónde estudia?
- ¿Cuándo tiene clases?
- ¿Dónde come?

- ¿Trabaja usted?
- ¿En qué trabaja?
- ¿Dónde trabaja?
- ¿Cuál es la dirección de su oficina?
- ¿Tiene teléfono?
- ¿Cuál es el número?

Listening comprehension

Listen to this information given by two Spanish speakers and as you listen, fill in the blank spaces with the missing words.

(a) ¡Hola! Qué hay? Mi .... es María José Suárez, soy

.... Burgos, ... veintiséis años,

estoy .... y tengo una ....de

dos años. Yo .... en un pequeño ....

en las afueras de Burgos, en la .... General Mola, 98.

Actualmente .... como ....

bilingüe en una .... de productos metálicos. Mi

.... es mecánico y .... en una

.... de transportes.

(*b*) ¡Qué tal! Yo me .... Miguel López, ...
madrileño, ... veintiún años y ....
Derecho en la .... de Madrid. Estoy ....
y ....con mi familia: mi padre, mi ....
y mis dos ...., en un .... piso
en el centro .... Madrid. Mi padre ....
contable y trabaja en .... grandes almacenes. Mi
madre es ama de casa. El .... de mis hermanos, Carlos,
tiene .... años .... en un instituto. José,
que tiene .... años, ... en una Academia
de Artes.

Write a brief passage giving information about your family.

Reading comprehension

Andalucía

Al sur de la Península Ibérica está Andalucía, importante centro turístico de España, gracias a su clima, su sol y sus playas. Sevilla es la ciudad más grande de Andalucía y una de las ciudades más grandes de España. Muchos de los habitantes de esta región trabajan en la agricultura y en la industria. La producción de vinos es una actividad importante en la zona de Sevilla. También tiene importancia el cultivo del olivo. Con las aceitunas se fabrica aceite de oliva, ingrediente indispensable en la cocina española y mediterránea. El aceite de oliva y los vinos españoles se exportan a Europa y a América.

La producción de vinos es una actividad importante en la zona de Sevilla

Los españoles en el trabajo

Estadísticas correspondientes a 1993 muestran que
España tiene una población activa de más de 15
millones de personas. De ellas, menos de 12
millones tiene una ocupación. La tasa de paro, de
casi un 22 por ciento es, en ese momento, la más
alta entre los países de la Unión Europea, y afecta
principalmente a las mujeres y a los jóvenes. Entre
los jóvenes de 16-19 años, el paro es superior al 50
por ciento.

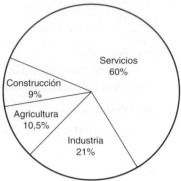

De los españoles con ocupación, la mayor parte
de ellos – el 60 por ciento – trabaja en los servicios;
el 21 por ciento en la industria; el 10,5 por ciento
en el sector agrícola; y el 9 por ciento en la construcción. Las actividades
económicas más afectadas por el paro son la construcción y la industria, con
un 30 y un 18 por ciento, respectivamente (1993).

Say whether the following statements are true or false. Correct false statements.

(*a*) Sevilla es la ciudad más grande de España.
(*b*) Los habitantes de Andalucía trabajan principalmente en actividades marítimas.
(*c*) En Sevilla hay una importante producción de vinos.
(*d*) España importa aceite de oliva.

Answer in English

(*a*) How many people had a job in 1993?
(*b*) What was the unemployment rate in Spain in that year?
(*c*) What was the unemployment rate for people aged 16-19?
(*d*) Which sectors of the economy were most affected by unemployment?

Summary

A   Asking and giving personal information

(i) Date of birth:

¿Cuál es la fecha de su nacimiento?   *What is your date of birth?*
25 de abril de 1961.   *25 April 1961.*

(ii) Place of birth:

¿Cuál es el lugar de su nacimiento?   *What is your place of birth?*
Sevilla.   *Seville.*

(iii) Place of residence:

¿Dónde vive? — *Where do you live?*
Vivo en Madrid. — *I live in Madrid.*

(iv) Address:

¿Cuál es su dirección? — *What's your address?*
Vivo en la calle La Mancha 114. — *I live at No 114 La Mancha Street.*

(v) Telephone no:

¿Cuál es su número de teléfono? — *What's your phone number?*
Es el 521 42 09. — *It's 521 42 09.*

(vi) Studies:

¿Qué estudia? — *What are you studying?*
Estudio Económicas. — *I'm studying Economics.*

¿Dónde estudia? — *Where are you studying?*
Estudio en la Universidad de Madrid. — *I'm studying at the University of Madrid.*

(vii) Work:

¿En qué trabaja? — *What job do you do?*
¿Dónde trabaja? — *Where do you work?*
Trabajo en una compañía naviera. — *I work for a shipbuilding company.*

B Asking people to spell a word

¿Cómo se escribe? — *How do you spell it?*
Se escribe con 'g'. — *You spell it with 'g'.*
Se escribe G-i-m-é-n-e-z. — *You spell it G-i-m-é-n-e-z.*

Grammar

1 Question words: *¿dónde?* where *¿cuándo?* when

¿Dónde vive usted?	*Where do you live?*
¿Cuándo tiene clases?	*When do you have classes?*

Note the use of the accent to indicate that a question is being asked.
(The accent is also used for exclamations.)

2 Preposition + question word

Note that Spanish puts prepositions at the beginning, not the end as in English:

¿De dónde	es usted?	*Where are you from?*
¿Con quién	vive?	*Who do you live with?*
¿En qué	calle vives?	*What street do you live in?*

3   Expressions of time

Tengo clases **por la mañana**.	*I have classes in the morning.*
Trabajo **por la tarde**.	*I work in the afternoons.*
Como **al mediodía**.	*I eat at mid-day.*

4   Ordinal numbers

The cardinal numbers are 1, 2, 3, 4, 5 etc. Ordinals are 1st, 2nd, 3rd, etc.
and are treated like adjectives, i.e. they agree with the noun: **la primera vez**
the first time.

1st	primero	6th	sexto
2nd	segundo	7th	séptimo
3rd	tercero	8th	octavo
4th	cuarto	9th	noveno
5th	quinto	10th	décimo

5   The present tense indicative (regular verbs)

Singular		(See page 48 for plural forms.)	
–ar		**-er**	**-ir**
trabajar *to work*		**comer** *to eat*	**vivir** *to live*
yo	trabaj**o**	com**o**	viv**o**
tú	trabaj**as**	com**es**	viv**es**
él ella } usted	trabaj**a**	com**e**	viv**e**

6   Se + verb

Singular	**Se** escribe con 'g'.
Singular	**Se** fabrica aceite de oliva.
Plural	**Se** exportan a Europa.

Se has a variety of uses. Here it corresponds to the use of the passive in
English: *It's written with g; Olive oil is produced; They are exported to Europe.* It
could also be read like the rather old-fashioned *one – one writes it with g.*

7 Relative pronoun *que*

Notice the use of **que** in this extract:

La mayor parte de los españoles trabaja en los servicios, **que** ocupan el 60 por ciento de la población. La industria y la agricultura son los otros dos sectores **que** mayor número de trabajadores ocupan.

Most Spaniards work in the service sector, which makes up 60 per cent of the population. Industry and agriculture are the other two sectors which employ most workers.

Unidad 4

Hace calor

A Describing a place and the weather

Dialogue

Angela Rodríguez is describing a hotel to a group of Spanish tourists travelling to Cancún in Mexico.

Angela

En Cancún tenemos habitaciones para ustedes en el Hotel Los Mariachis. Siete habitaciones dobles y tres individuales. El hotel es muy grande y moderno y está bastante cerca de la playa. Las habitaciones son muy cómodas y todas tienen cuarto de baño y terraza con vista al mar.

Cancún

Turista 1   ¿Hay televisión en las habitaciones?

Angela   Sí, hay televisión y también hay música ambiental y aire acondicionado.

Turista 2   ¿Tiene piscina el hotel?

38

Angela	Sí, tiene una piscina muy bonita. Además, tiene dos bares, un restaurante interior y otro exterior y una discoteca.
Turista 1	¿Hace mucho calor en Cancún?
Angela	Pues, sí, en esta época del año hace mucho calor.

Practice

1 Complete the phrases in column *A* with an appropriate phrase from column *B*, according to the information in the dialogue.

A
1 El hotel es
2 El hotel está
3 Las habitaciones son
4 Las habitaciones tienen
5 El hotel tiene

B
(*a*) muy cómodas
(*b*) cuarto de baño y terraza con vista al mar
(*c*) una piscina muy bonita, dos bares, dos restaurantes y una discoteca
(*d*) bastante cerca de la playa
(*e*) muy grande y moderno

2 You are working for a tour operator and have received the following hotel information from Spain. Tick the appropriate boxes overleaf to show the facilities available at each hotel.

HOTEL AGUAMARINA***
Tel. 37 13 01
ARENAL D'EN CASTELL
Habitaciones con baño, W.C. teléfono y terraza. El hotel dispone de ascensores, piscina infantil y de adultos, jardín, bares, baile semanal, guardería infantil, salones sociales, juegos recreativos, TV y pista de tenis. Situado a 50 m. de la playa.

HOTEL ESMERALDA***
Paseo San Nicolás, s/n.
Teléfono 38 02 50 CIUDADELA
Situado en la zona residencial de la ciudad, junto al Puerto.
Habitaciones: Todas con baño, teléfono y terraza.
Servicios: Salones sociales, bar, restaurante, solarium, piscina y tenis. Consulte la oferta en habitaciones cuádruples.

HOTEL CALA GALDANA**
Tel. 37 30 00
Playa de Santa Galdana
Habitaciones con ducha y teléfono, algunas con terraza y vista al mar. El hotel dispone de piscina, solarium, bares, salones sociales, juegos recreativos y ascensor. El complejo dispone de tiendas, sauna, supermercado, restaurante y amplios jardines. Situado a 100 metros de la playa.

HOTEL SUR MENORCA*
Tel. 36 18 00
CALA BINIANCOLLA
Habitaciones con ducha, teléfono y terraza. El hotel dispone de salones sociales, TV, bar, piscina de adultos y niños, parque infantil, boutique, tenis y restaurante. Situado en zona tranquila a 19 Km. de Mahón.

	Rooms with bath	Rooms with shower	Telephone	Terrace
Aguamarina				
Cala Galdana				
Esmeralda				
Sur Menorca				

	Pool	Children's facilities	Sauna	Boutiques	Gardens
Aguamarina					
Cala Galdana					
Esmeralda					
Sur Menorca					

3 Your client wishes to know more about the types of facility available. Check through and ring him/her to report back on the recreational opportunities at each hotel.

4   Reading

You will be sent to Chile on business and you are trying to get some information about the country before you go. Study the following text and then answer in Spanish the questions which follow.

Al Suroeste de la América del Sur está Chile, uno de los países más largos y estrechos del mundo. Su capital es Santiago, ciudad que está al pie de los Andes y a sólo 120 km del Océano Pacífico, en el centro del país.
Santiago tiene un clima agradable, de tipo mediterráneo, con temperaturas moderadas. En verano hace sol, con temperaturas que oscilan entre los 26° y los 32° centígrados durante el día. En invierno hace frío durante las mañanas y durante las noches, pero las temperaturas aumentan al mediodía. En invierno llueve con frecuencia. En otoño y en primavera hace normalmente buen tiempo.
Santiago es una ciudad moderna, con facilidades para el turismo y con un buen sistema de transporte. Cómodos autobuses permiten viajar de un extremo a otro del país.

(a) ¿Dónde está Chile?
(b) ¿Cómo se llama la capital?
(c) ¿Dónde está la capital?
(d) ¿Cómo es el clima en Santiago?
(e) ¿Hace sol en verano?
(f) ¿Hace mucho frío en invierno?
(g) ¿Hace buen o mal tiempo en
     otoño y en primavera?
(h) ¿Cómo es Santiago?

CHILE

Población:	13.000.000
Capital:	Santiago
Población:	4.500.000
Superficie:	756.946 km²
Largo:	4.200 km
Ancho:	180 km (promedio)
Idioma:	castellano
Religión:	católica
Exportaciones:	cobre, madera, frutas, vinos

5 Translation

The information on Chile is to be used as part of a tourist brochure. Translate the middle paragraph, which concerns the weather.

6

Your boss would like to rent an apartment in Spain for the summer. He has seen the following advertisement in a Spanish newspaper and has asked you to read it and answer some questions for him.

3 dormitorios, sala, comedor, cocina,
2 cuartos de baño, terrazas con vista
al mar. Servicios: aparcamiento,
piscina, jardines.

- *Situados a 100 metros de la playa.*
- *Excelente transporte hacia la ciudad.*
- *Centro comercial a sólo 50 metros.*

Para más información escribir a
Constructora Mi Casa, Calle Calpe, 34, Alicante.

(*a*) How many bedrooms does it have?
(*b*) What are the other rooms?
(*c*) Is there a swimming pool?
(*d*) What other facilities are there?
(*e*) How far is it from the beach?
(*f*) Is there any transport to the city?
(*g*) Are there any shopping facilities in the area?

B Describing people: letters and references

Turismo Iberia is increasing its staff. The following is a letter of recommendation sent by an applicant's present employer:

AGENCIA DE VIAJES COSTA DEL SOL

Apartado 30 – Teléfono 84 12 56 – Calvo Sotelo 7–1° – Málaga

Málaga, 15 de junio de 19..

Turismo Iberia
Avda. Los Claveles 418,2°, A
Madrid 28003

Muy señores nuestros:

Acusamos recibo de su carta de fecha 4 de los corrientes en que solicita referencias sobre la señorita Marta López.

Nos es muy grato informarles que la señorita López trabaja en nuestra agencia desde enero del año pasado y es una empleada competente y de toda confianza, tiene buena presencia y modales agradables. No dudamos que la señorita López tiene la capacidad para desempeñar el puesto que solicita.

Les saluda muy atentamente.

Felipe Pizarro

Gerente

Look at the way in which Marta has been described:

Marta López es una empleada competente y de toda confianza.
Tiene buena presencia y modales agradables.

What can you say about her colleagues? Follow the model above.

Beatriz Rojas	es un(a) empleado/a competente
	tiene modales agradables
Josefina Carlavero	tiene buena presencia
	es de toda confianza
Paco Pena	tiene mucha experiencia

Here are some Spanish phrases which are frequently used in formal letter writing:

Salutations

Muy señor mío: *Dear Sir*
Muy señor nuestro:

Muy señores míos: *Dear Sirs*
Muy señores nuestros:

Señor and **señores** are often abbreviated to ***Sr.*** and ***Sres.***
Note the use of the colon at the start of the letter.

Feminine forms may be written using the singular form, as in:

Muy señora mía (or Sra.):   *Dear Madam*
Muy señora nuestra: *Dear Madam*

Other more polite forms are:

Distinguido señor: *Dear Sir*
Distinguida señora: *Dear Madam*

More personal forms are:

Estimado señor García: *Dear Mr García*
Estimada señora Rodríguez   *Dear Mrs Rodríguez*

Introductory phrases

Acuso/acusamos recibo de   *We acknowledge receipt of your letter*
su carta de fecha 4 de los   *of the 4th of the current month in*
corrientes en que...   *which ...*

Obra en mi/nuestro poder   *We acknowledge receipt of your letter*
su atenta del 18 del   *of the 18th of the current month in*
corriente en que...   *which ...*

En contestación a su atenta   *In answer to your letter of May 21st*
carta de fecha 21 del pasado
mes de mayo...

Correspondemos a su amable   *In answer to your letter of August*
carta de 11 de agosto...   *11th ...*

El objeto de la presente   *This is to inform you that ...*
es informarle que...

Me es muy grato...   *I am pleased to ...*
Nos es muy grato...   *We are pleased to ...*

Close

Atentamente
Le(s) saluda(n) atentamente   *Yours truly, Yours sincerely*
Atentamente le(s) saluda   *Sincerely yours, Yours faithfully*
Atentamente le(s) saludamos

These forms are not exact equivalents but are in common use.

Practice

1 Letter writing

Using the letter on page 42 as a model, write similar letters about Pablo Mena and María Ruiz.

Nombre	Es	Tiene
Pablo Mena	un empleado responsable y trabajador	sentido común y deseo de superación
María Ruiz	una persona inteligente e imaginativa	una personalidad agradable y buenos modales

2 Translation

The following letters have been received by your company and you have been asked to translate them:

DELANO S.A.

Plaza de Santa Ana 9
28398 Madrid

Madrid, 14 de noviembre de 19..

Williamson & Co. Ltd.
16 Luxembourg Gardens
Londres W6
Inglaterra

Muy Sr. mío:

Obra en mi poder su atenta del 5 del corriente en que solicita referencias sobre el señor Julio Santana:

Me es grato informarle que el señor Santana es una persona muy responsable, tiene buena presencia y buen trato con el público. Tiene mucha experiencia en procesamiento de datos e informes en el área de ventas y márketing, por lo tanto puedo recomendar al Sr. Santana para el puesto que solicita.

Atentamente

Pedro Velarde

Director de Personal

Mechas y Bunsen

Calle Pasteur s/n
43210 San Clemente

12 de octubre de 19..

Muy Sres míos:

Acuso recibo de su distinguida carta del 30 último en la que pide referencias sobre la señora Luz Paredes de Tapia:

Nos es muy grato informarles que la señora Paredes lleva cinco años con esta compañía como ayudante de nuestra sección de contabilidad. La señora Paredes es responsable de la preparación de los sueldos de los trabajadores eventuales y la emisión de pagos de servicios como agua, luz y teléfonos.

La señora Paredes es una persona muy responsable, puntual y de buena presencia. La calidad de su trabajo es óptima de modo que la puedo recomendar sin reservas.

Les saluda muy atentamente

Enrique Cienfuegos

Director de Personal

3   Writing

Read these sentences:

Cecilia es simpática. Es alta, morena y tiene los ojos verdes.

Now, using these boxes, write similar sentences about these people . Change the endings to masculine and feminine as required.

Nombre	Es	Es	Tiene
Pedro	divertido	bajo/alto	los ojos negros
Delia	inteligente	moreno/rubio	los ojos marrones
Ramiro	antipático	delgado/gordo	los ojos azules

And how would you describe yourself?

4

What does the sales director of the cosmetics firm PROBELLSA say about her job? (This appeared in the in-house magazine.)

Me llamo Josefina Carlavero. Soy la directora de ventas en la casa PROBELLSA. Ya llevo dos años aquí porque es un trabajo francamente bueno. En mi sección trabajamos bien en equipo, hay muy buen ambiente, todos colaboramos y hasta nos vemos de vez en cuando en un plan social.

Mi trabajo es importante, siempre hay bastante presión. Yo soy responsable del futuro de la empresa porque si no encontramos nuevos mercados no podemos crecer. Entonces, viajo bastante, por toda Sudamérica, Estados Unidos, Canadá... ¿Europa? ¡Por supuesto! París, Londres, Milán...

Listening comprehension

These are some of the facilities available in a new industrial development in
Figueras, in north-eastern Spain.

○ ○ ○ ○ ○ ○ ○ ○

(*a*) Listen to the description of these facilities and number each picture 1, 2, 3, etc.
according to their sequence in the recording.

(*b*) Your company is thinking of setting up an office in Figueras and you have been
asked to travel to Spain and report back on the facilities available at the
Polígono Industrial Figueras in Catalonia. These are some of the questions you
will need to answer:

- How far is it from the French border?
- How far is it from Barcelona?
- Which is the nearest airport and how far is it?
- What is the distance to the nearest railway station?
- Are there good public transport facilities between the industrial development
  and Figueras?
- Is there a bank? Which one?
- What other facilities are there?

Reading comprehension

El País Vasco

En el Norte de la Península Ibérica, al pie de los Pirineos, está el País Vasco.
Las principales ciudades del País Vasco son Bilbao, San Sebastián y Vitoria.

El País Vasco es una de las regiones más industrializadas de España

Bilbao es la cuarta ciudad de España en cuanto a población. Es una ciudad industrial y un importante puerto comercial. Entre las principales actividades económicas de la región está la pesca, la minería y la industria del acero. Con el acero se fabrica todo tipo de productos metálicos, desde armamentos hasta artículos electrodomésticos. Muchos de estos productos se exportan ahora a otros países de Europa.

Los Vascos

Los vascos son un pueblo orgulloso de su cultura y de sus tradiciones y con un fuerte sentido regionalista y de independencia. Su idioma es el *vasco o vascuence* al que ellos llaman *euskera*. Es un idioma diferente de todas las otras lenguas europeas. El origen de los vascos y de su idioma es hasta hoy desconocido. De acuerdo con la Constitución española de 1978, el vasco es ahora un idioma oficial en el País Vasco, junto con el castellano. También son oficiales el catalán y el gallego, en Cataluña y Galicia respectivamente.

1   Fill in the table below with information from the text.

El País Vasco	
Situación	....
Nombre de los habitantes	....
Nombre del idioma local	....
Ciudades principales	....
Actividades económicas	....

2   **Translation**

Translate into English the paragraph "Es una ciudad industrial ... a otros países de Europa".

Summary

A   **Describing a place**

   (i)   Characteristics:
     El hotel es muy grande.   *The hotel is very big.*

   (ii)   Location:
     El hotel está cerca de la playa.   *The hotel is near the beach.*
     Al Suroeste de la América del   *In the South-West of South*
       Sur está Chile.   *America lies Chile.*

(iii) **Facilities:**

Todas las habitaciones tienen   *All rooms have a bathroom.*
   cuarto de baño.
Hay televisión y música ambiental.   *There is TV and background music.*

B   Describing the weather

Hace calor/frío.   *It's hot/cold.*
Llueve.   *It's raining.*
El clima en Santiago es agradable.   *The climate in Santiago is pleasant.*
Santiago tiene un clima agradable.   *Santiago has a pleasant climate.*

C   Describing people

(i) **Character:**

Es un empleado competente.   *He/She is a competent member*
                                          of staff.
Es una persona simpática.   *He/She is a nice person.*

(ii) **Physically:**

Es alto/bajo/gordo/delgado.   *He's tall/short/fat/slim.*
Es rubio/moreno.   *He's fair/dark.*
Tiene ojos negros/verdes/azules/   *He/She's got dark/green/blue/*
   marrones.   *brown eyes.*

Grammar

1   The present tense indicative (regular verbs)

Plural (See page 36 for the singular forms.)			
	-ar	**-er**	**-ir**
	trabajar *to work*	**comer** *to eat*	**vivir** *to live*
nosotros	trabaj**amos**	com**emos**	viv**imos**
vosotros	trabaj**áis**	com**éis**	viv**ís**
ellos ellas ustedes	trabaj**an**	com**en**	viv**en**

Note that verb forms are always listed in the sequence *we/you/they* (masculine
or feminine) and *you*. **Vosotros** is used like **tú** (see page 13) and **ustedes** is the
plural form of **usted**.

2 Ser, estar, tener (present tense indicative)

Three of the most crucial verbs in the language are slightly irregular:

ser *to be*	estar *to be*	tener *to have*
soy	estoy	tengo
eres	estás	tienes
es	está	tiene
somos	estamos	tenemos
sois	estáis	tenéis
son	están	tienen

See also pages 12, 25, 78–9, 92 and 169.

3 Hay (haber: *to have*)

Hay translates as *there is/there are.* This is a common example of the impersonal forms which occur frequently in Spanish.

¿Hay	televisión en las habitaciones?	*Is there TV in the rooms?*
¿Hay	televisión y música ambiental?	*Is there TV and background music?*

4 Hacer (weather)

Hacer actually means *to do, to make,* but it is used in constructions referring to the weather.

Hace	(mucho) (bastante)	calor frío sol viento	*It is very/quite hot* *It is very/quite cold* *It is very/quite sunny* *It is very/quite windy*

Note: **llueve** *it rains/is raining* and **nieva** *it snows/is snowing.*

5 Possessive adjectives

nuestra habitación *our room*	**vuestra** casa *your house*
nuestras habitaciones *our rooms*	**vuestras** casas *your houses*
nuestro hotel *our hotel*	**vuestro** teléfono *your telephone*
nuestros hoteles *our hotels*	**vuestros** teléfonos *your telephones*

su casa *his/her/their/your house*
sus casas *his/her/their/your houses*

Su and **sus** could refer to *his, her, your* (**usted** and **ustedes**) forms, *its* or *their*. In practice this does not cause the confusion you might imagine, and if there is any doubt you simply enquire **¿La casa de él o de ella?** *His house or hers?*

6 Todo

todo	el día	all day
toda	la noche	all night

But notice that you use the plural to mean *every:*

todos	los días	every day
todas	las noches	every night

7 Prepositions + pronoun

por + para (see pages 80, 105, 148, 169 and 170), **sin** (*without*), **de** (*of, from*) **en** (*in, at*)

para	mí
por	ti
sin	él, ella, usted
de	nosotros(as)
	vosotros(as)
en	ellos, ellas, ustedes

Conmigo, contigo and **consigo** are special forms used to mean *with me, with you, with him/her.*

8 Intensifiers

bastante cerca	*quite near*
muy lejos	*far away*

Consolidación 1

(Unidades 1-4)

1 Interview

You have been called for interview and the interviewer wants some preliminary data. Answer each of the questions (use the blank lines for notes.)

Pregunta: Su nombre, por favor. ¿Cómo se escribe?

Respuesta: ....

Pregunta: Y su nacionalidad... británica, ¿verdad?

Respuesta: ....

Pregunta: ¿Cuál es la fecha de su nacimiento?

Respuesta: ....

Pregunta: ¿De dónde es usted exactamente?

Respuesta: ....

Pregunta: ¿Está usted casado/a o soltero/a?

Respuesta: ....

Pregunta: ¿Tiene hijos? ¿Cuántos años tienen?

Respuesta: ....

Pregunta: ¿Cuál es su dirección?

Respuesta: ....

Pregunta: Perdón, la calle, ¿cómo se escribe?

Respuesta: ....

Pregunta: ¿Tiene teléfono? ¿Cuál es el número?

Respuesta: ....

Pregunta: ¿Trabaja usted, o estudia? ¿Dónde?

Respuesta: ....

Pregunta: ¿Cuál es la dirección de la firma/del instituto?

Respuesta: ....

Pregunta: ¿Cuántas horas de trabajo (y/o de clases) tiene a la semana?

Respuesta: ....

Pregunta: ¿Cuál es su horario de trabajo (y/o de clases)?

Respuesta: ....

Pregunta: ¿Tiene usted un permiso para conducir válido?

Respuesta: ....

2 Oral situation

You are conducting a job interview in Spanish and have to ask for various items of
personal information. Work with someone else, basing the questions and answers
on those above. Take notes and report back to see if the information is correct.

3 Writing

You have to send a memo to a Spanish-speaking colleague about the successful
candidate. Use this as a model:

(*Name of applicant*) parece la persona apropiada para el puesto. Es inglés/a
(*or* norteamericano, francés etc) de Manchester (de San Francisco etc). Tiene 38
años y trabaja actualmente en...

4 Listening comprehension

Listen to this interview with Antonio Encina, an advertising agent from Cáceres.
(Read the questions first to anticipate what is said.)

Answer in Spanish:

(*a*) ¿De qué país es Antonio Encina?
(*b*) ¿De qué ciudad es?
(*c*) ¿Cuántos años tiene?
(*d*) ¿Está soltero o casado?
(*e*) ¿Dónde vive?
(*f*) ¿En qué trabaja?
(*g*) ¿Cuántas horas por semana trabaja?
(*h*) ¿Qué días trabaja?
(*i*) ¿Cuál es su horario?
(*j*) ¿Dónde almuerza?
(*k*) ¿Cuántas semanas de vacaciones
       tiene?
(*l*) ¿Adónde va en sus vacaciones?
(*m*) ¿Qué hace por las tardes?
(*n*) ¿A qué hora va a clases?
(*o*) ¿Qué días va?
(*p*) ¿En qué curso está?
(*q*) ¿Qué hace cuando no tiene clases?

Por la tarde asisto a clases de inglés en una
academia de idiomas.

5   Sustained speaking

Prepare questions as well as answers along the lines of the interview above. Carry out the interviews in pairs or small groups if possible and take notes. Then read them back to see how accurate they are.

6   Writing

Using the notes from exercise 5 and the interview on tape write an autobiographical piece about yourself or a biographical piece about someone else.

7   Reading Comprehension

Your sales manager has returned from Spain and is interested in subscribing to a trade journal that he found at an exhibition. Explain what needs to be done to subscribe and fill in the form on his behalf.

Notice that there is a special gift offer. Explain what this is, find out what he wants and fill the form in accordingly.

BOLETIN DE SUSCRIPCION

Nombre _____

Dirección _____

Profesión_____   Sector empresa _____   Cargo que ocupa _____

Población_____   D.P._____   Teléfono_____

Deseo recibir:

25 ejemplares (3.200 Ptas.) ☐   30 ejemplares (3.700 Ptas.) ☐   40 ejemplares (4.600 Ptas.) ☐

60 ejemplares (6.400 Ptas.) ☐   80 ejemplares (8.200 Ptas.) ☐

OFERTA ESPECIAL: 2 AÑOS (104 ejemplares) y el DICCIONARIO ECONOMICO FINANCIERO (9.700 Ptas.) ☐

2 AÑOS Y LA CALCULADORA UNITREX LC-107 (9.700 Ptas.) ☐

Europa: 13.100 Ptas. ☐   América: 17.500 Ptas. ☐

FORMA DE PAGO:

☐ Talón a nombre de Punto Editorial, S.A.

☐ Domiciliación bancaria

   (Adjunto boletin autorización pago)

YA SOY SUSCRIPTOR

Adjunto etiqueta del último ejemplar

8   Translation

You are working for a firm which has connections with Mexico. The company intends to hold a conference in a hotel over there, and about one hundred people are expected to attend. You have been sent a brochure in Spanish and you need to translate the key items about the hotel's facilities, accommodation, conference rooms, in-hotel entertainment for the evenings, and opportunities for sight-seeing.

HOTEL CAMINO REAL: 250 cuartos, 6 suites. - Playa las Estacas. - Aire acondicionado. - Servicio de valet. - Música. - T.V. - Room service. - Teléfonos. - Cafetería. - Restaurante. - Bar. - Centro Nocturno. - Salón para banquetes. - Salón para convenciones. - Estacionamiento. - Peluquería. - Salón de belleza. - Agencia de viajes. - Tiendas. - Tabaquería. - Alberca. - Tenis. - Deportes acuáticos. - Playa propia. - Servicio Médico. - Servicio de Niñera. - Tel: 2-00-02. - Reservaciones en México: 522-51-44.

9 Oral

You are on a work placement in the reception of a London hotel, which is popular with Spanish-speaking tourists. Common questions concern such items as facilities in the hotel and the locality, meal times, etc. Brief yourself before going on duty by looking at the information below:

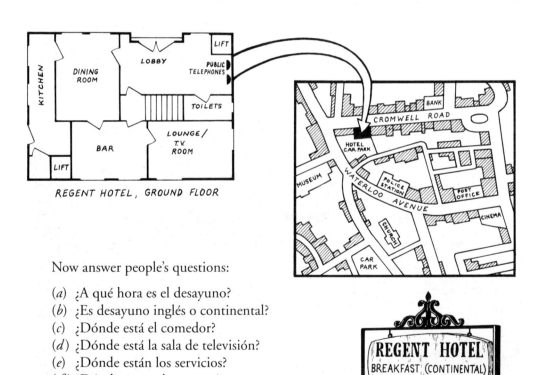

Now answer people's questions:

(a) ¿A qué hora es el desayuno?
(b) ¿Es desayuno inglés o continental?
(c) ¿Dónde está el comedor?
(d) ¿Dónde está la sala de televisión?
(e) ¿Dónde están los servicios?
(f) ¿Dónde se puede aparcar?
(g) ¿Hay algún banco por aquí?
(h) ¿Dónde puedo comprar sellos?
(i) ¿Dónde están los teléfonos públicos?
(j) ¿Qué tengo que hacer para llamar por teléfono?

10 At-sight translation

Read this extract of a letter from someone writing to their exchange partner about their house:

Mi casa está en la Calle Libertad 426 aquí en Guadalajara. Es una casa grande, de un piso solamente. Tiene cinco habitaciones: tres dormitorios, un comedor y una sala, además del cuarto de baño y la cocina. Mi dormitorio es grande y da a la calle. En el centro de la casa hay un patio con muchas flores y plantas. En los meses de verano mi familia y yo comemos en el patio.
El barrio donde vivimos es bastante tranquilo. Nuestra casa está a cinco minutos de la calle principal donde hay un supermercado, un banco, Correos y algunas tiendas.

11 Writing

Can you write to your exchange partner and explain what your house is like.

12 Sustained speaking

Describe the scene in this picture, giving as much information as possible.

Unidad 5

¿Dónde está?

What you will learn in this unit
- To ask for and give directions
- To say where a place is
- To say how far away a place is

A Asking and giving directions: outside

Dialogue

Pilar Ramírez is a hotel receptionist in a small town in Catalonia, Spain. Hotel guests often come up to Pilar to ask for directions. Study these conversations between her and some of the guests.

1 *Señor* Buenos días señorita. ¿Hay algún mercado por aquí?

Pilar Sí, hay uno en la Calle Monistrol.

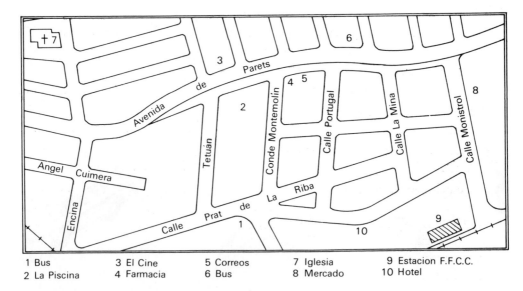

1 Bus	3 El Cine	5 Correos	7 Iglesia
2 La Piscina	4 Farmacia	6 Bus	8 Mercado

9 Estacion F.F.C.C.
10 Hotel

Señor	¿Y dónde está la Calle Monistrol?	
Pilar	Está a la derecha, al final de esta calle.	
Señor	Gracias.	
Pilar	De nada.	

2 *Señora*   ¿Dónde está Correos, por favor?

Pilar   Está en la Avenida de Parets, entre Conde Montemolín y la Calle Portugal.

Señora   ¿Tiene usted un plano de la ciudad?

Pilar   Sí, aquí tiene usted. Mire, éste es el hotel y aquí está Correos.

Señora   Muchas gracias.

Pilar   No hay de qué.

3 *Señor*   ¿Hay alguna farmacia por aquí?

Pilar   Sí, hay una en la Avenida de Parets, al lado de Correos, a la izquierda.

Señor   ¿Está lejos?

Pilar   No, está bastante cerca. A unos cinco minutos de aquí.

Señor   Gracias.

Practice

1 Study the map on the previous page, then match each of the sentences below with the place or street to which they refer:

1 Está en la Avenida de Parets, entre Tetuán y Conde Montemolín   ....

2 Está en la Avenida de Parets, enfrente de la piscina.   ....

3 Está a la derecha, entre Portugal y Monistrol.   ....

4 Está al lado de la farmacia.   ....

(*a*) Calle La Mina.
(*b*) La piscina.
(*c*) Correos.
(*d*) El cine.

2 A group of Spanish speakers is visiting your company. As you speak Spanish, you have been asked to look after them. One of the visitors comes up to you to ask where various places are. Answer his questions by following the instructions below.

Useful words and phrases for asking and giving directions:	
algún banco (masculine)	*any bank*
alguna estación (feminine)	*any station*
a la izquierda	*on the left*
a la derecha	*on the right*
está lejos/cerca	*it's far/near*
está a cinco minutos de aquí	*it's five minutes from here*
está a dos calles de aquí	*it's two streets from here*
está a dos kilómetros de aquí	*it's two km. from here*
al lado de	*next to*
enfrente de	*opposite*
al otro lado de	*on the other side of*
entre	*between*
detrás de	*behind*
delante de	*in front of*
la estación de metro	*the underground station*
la parada del autobús	*the bus stop*

Señor	¿Hay algún banco por aquí?
Usted	(*Say there is one on the left at the end of the street.*)
Señor	¿Está lejos?
Usted	(*Say it's only three minutes away from here.*)
Señor	Y Correos, ¿dónde está?
Usted	(*Say it is next to the bank, on the right.*)
Señor	¿Hay alguna estación de metro por aquí?
Usted	(*Say the underground station is far from here, but there is a number 5 bus into town – **hacia el centro**. The bus stop is across the road.*)
Señor	Muchas gracias.

3 Look at the table and the map of Spain on page 59. Check the names of the key cities, then answer the questions which follow, using sentences like these:

Está en el norte/sur/este/oeste
      nor(d)este/noroeste
      sudeste/sudoeste or suroeste
      centro
Está a cien kilómetros (de Madrid)

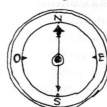

Distancias			km
Madrid	a	Toledo	70
Madrid	a	Barcelona	620
Barcelona	a	Valencia	355
Bilbao	a	Coruña	633

(a) ¿Dónde está Toledo?   ¿A qué distancia está de Madrid?
(b) ¿Dónde está Barcelona? ¿A qué distancia está de Madrid?
(c) ¿Dónde está Valencia?   ¿A qué distancia está de Barcelona?
(d) ¿Dónde está Coruña?   ¿A qué distancia está de Bilbao?

4 A Spanish-speaking person is visiting you at home. She does not know your town well and is asking you for directions. Answer her questions.

(a) ¿Dónde está la parada de autobuses más cercana?
(b) ¿Dónde está Correos?
(c) ¿Hay alguna casa de cambio o banco por aquí?
(d) ¿Dónde está la farmacia más próxima?
(e) ¿Hay algún supermercado por aquí?
(f) ¿Hay alguna tintorería cerca de aquí?
(g) ¿Dónde está la estación de metro más cercana?

B Asking and giving directions: within buildings

Dialogue

Paul Richards, a business executive, is in Spain. Today he has come to see Sr. Carlos García at his office in Madrid.

Sr. Richards	Buenas tardes. ¿Está el señor García?
Recepcionista	Sí, sí está señor. ¿De parte de quién?
Sr. Richards	De parte de Paul Richards, de Londres.
Recepcionista	Ah sí, el señor García le espera. Su oficina es la número cuatrocientos diez. Está en el cuarto piso, al fondo a la izquierda.
Sr. Richards	¿Dónde está el ascensor?
Recepcionista	Está aquí, a la mano derecha.
Sr. Richards	Gracias.

Practice

1 Make up similar dialogues using this information.

Nombre	Oficina Nº	Piso
Srta. Carmona	320	3º
Sr. Sebastián	615	6º
Sra. Andrade	225	2º

2 You are on a work placement in a Spanish department store. Look at the store plan and be prepared to answer customers' enquiries:

PLANTA BAJA

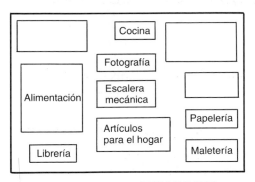

PRIMER PISO

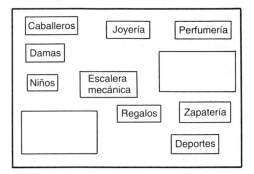

SEGUNDO PISO

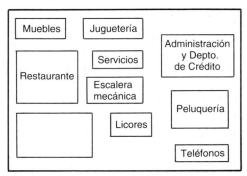

(*a*) Por favor, ¿dónde está el departamento de caballeros?
(*Look at the map and explain.*)

(*b*) Por favor, ¿ropa para señoras?
(*Ladies' department.*)

(*c*) Quiero comprar unos juguetes.
(*Children's department.*)

(*d*) ¿Y el departamento muebles? ¿Dónde está?
(*Check on the map.*)

(*e*) ¿Tiene un departamento de crédito?
(*Administration.*)

(*f*) ¿Dónde están los servicios?
(*Check the map.*)

(*g*) ¿Hay un teléfono por aquí?
(*Yes, but cardphone only – **con tarjeta**.*)

(*h*) ¿Dónde hay revistas?
(*In the bookshop.*)

3 The store manager wants you to translate this list of extra customer services to be put on display near the information stand:

- *Envío rápido de paquetes al hotel*   *2° piso*
- *Revelado rápido de fotos*   *planta baja*
- *Duplicado de llaves*   *planta baja*
- *Reparación rápida de calzado*   *primer piso*
- *Grabación y reparación de joyas y relojes* *primer piso*
- *Cabina fotográfica*   *planta baja*

He has omitted to mention which section they are going to go in. Check against the plan and write them in.

4 Writing

Read this extract from a letter giving directions.

La compañía está en la Avenida Los Insurgentes 522 entre la Calle San Martín y la Calle Guatemala, al lado del Banco de la Nación. Mi oficina es la número 550 y está en el quinto piso...

A Spanish person is coming to your office, house or apartment for the first time. Write a similar note saying where it is.

5 Study this plan of a house and answer the questions which follow:

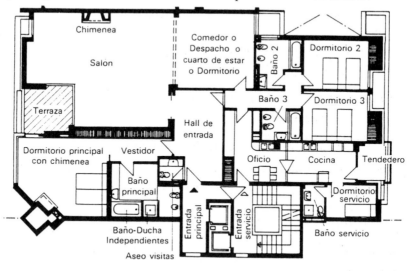

(*a*) ¿Dónde está el dormitorio principal?
(*b*) ¿Dónde está el comedor?
(*c*) ¿Dónde está la cocina?
(*d*) ¿Dónde está el dormitorio de servicio?

People are always curious about where you live. Can you describe your house or apartment?

> **Situación:** céntrica, no muy lejos del centro, en las afueras de la ciudad, cerca de la estación, etc.
>
> **Casa:** grande/pequeña/de un piso/de dos pisos/3 dormitorios
>
> **Piso (apartamento):** en un edificio de 4 pisos, un edificio con bastante terreno, con jardines, hay aparcamiento.

Listening comprehension

You are at the Tourist Office in a Spanish town waiting to get some brochures and a plan of the town. While you wait you hear some people asking for directions. There is a lot of traffic noise and you can't hear every word. Listen to the conversations carefully and fill in the missing words in this text.

(a) *Señor 1*   Perdone. ¿Hay .... banco .... aquí?

    Empleada   Sí, hay .... al final de la .... de Nuestra Señora del Carmen, esquina de Jaime I.

    Señor 1   Gracias.

    Empleada   De nada.

(b) *Señora*   ¿Dónde .... Correos, por favor?

    Empleada   Está .... la Calle del Sol, ... la Avenida Argentina y la Calle Calvo Sotelo.

    Señora   ¿Está muy lejos?

    Empleada   Está a .... diez .... de aquí.

    Señora   Gracias. Adiós.

(c) *Señor 2*   Buenos días. ¿Dónde está la Telefónica?

    Empleada   La Telefónica está .... poco .... de aquí. Está al .... de la Avenida Francia, ... la Plaza España.

    Señor 2   ¿Hay .... autobús .... la Plaza España?

    Empleada   Sí, el número .... por la Plaza España.

    Señor 2   ¿Dónde .... la ....?

    Empleada   Está a la ...., al otro .... de la calle.

    Señor 2   .... gracias.

    Empleada   No hay de qué.

Get together with another student and make up similar conversations asking and answering questions about places in your own town.

Reading comprehension

El español, lengua internacional

El español es una lengua internacional. Sus más de 300 millones de hablantes están distribuidos en distintas partes del mundo: en Europa, Africa, Asia y Latinoamérica. El mayor país de habla española en el mundo es México, con 88 millones de hispanohablantes, y el segundo es España, con 38 millones. Aparte de México, otros dieciocho países de América Latina tienen como lengua oficial el español. En algunos hay una segunda lengua oficial. En Puerto Rico, Estado Asociado a los Estados Unidos de América, el inglés es también lengua oficial. En Paraguay, país situado en la América del Sur, se habla también una antigua lengua indígena, llamada *guaraní.* En el Perú, otro país sudamericano, el *quechua,* lengua hablada por los antiguos *incas* es también lengua oficial.

En los Estados Unidos, hay 22 millones de hispanohablantes, la mayoría de ellos de origen mexicano, puertorriqueño y cubano. El español es la segunda lengua en los Estados Unidos y su importancia crece cada día. Ciudades como Miami, Nueva York, Los Angeles y los estados de Tejas, Nuevo México y Arizona tienen un gran número de hispanohablantes.

Los hispanoamericanos

La mayoría de los habitantes de la América española, o Hispanoamérica, son mestizos, es decir son una mezcla de español e indígena. Pero hay países con una gran población indígena, entre ellos Bolivia, Perú, Ecuador, Guatemala. El número total de indígenas en toda la América Latina se calcula en 30 millones. Ellos hablan lenguas tan diversas como el *nahuatl* en México, el *maya* en México y Guatemala, el *aimara* en Bolivia y Perú, entre otras. La mayoría de los indígenas latinoamericanos vive en condiciones de extrema pobreza.

Una mexicana indígena

Answer in English

(*a*) Which is the largest Spanish-speaking country in the world?

(*b*) How many Latin American countries have Spanish as their official language?

(*c*) How many people of Hispanic origin live in the United States and which countries do they come from mainly?

(*d*) What is the ethnic origin of most Latin Americans?

(*e*) What is the total number of indigenous people in Latin America?

Summary

A Asking and giving directions: outside

(i)	¿Hay algún mercado por aquí?	*Is there a market round here?*
	Sí, hay uno en la Calle Monistrol.	*Yes, there's one in Monistrol Street.*
(ii)	¿Dónde está la Calle Monistrol?	*Where is Monistrol Street?*
	Está a la derecha, al final de esta calle.	*It's on the right at the end of this street.*
(iii)	¿Dónde está Toledo?	*Where is Toledo?*
	Está en el centro de España.	*It's in the centre of Spain.*
(iv)	¿A qué distancia está de Madrid?	*How far is it from Madrid?*
	Está a 70 km. de Madrid.	*It's 70 km. from Madrid.*

B Asking and giving directions: inside

(i)	¿Cuál es la oficina del Sr. García?	*Which is Sr. García's office?*
	Es la número 410.	*It's number 410.*
(ii)	¿Dónde está la oficina del Sr. García?	*Where is Sr. García's office?*
	Está en el cuarto piso, al fondo a la izquierda.	*It's on the fourth floor, at the back on the left.*

Grammar

1 Alguno, algún/alguna/algunos/algunas

Alguno means *some* or *any*. Before a masculine singular noun it becomes **algún**:
(See also **ninguno**, page 80.)

algún mercado	*any market*
alguna farmacia	*any pharmacy*
algunos turistas	*some tourists*
algunas personas	*some people*

2 Adverbial phrases

Look at this group of key adverbial phrases. Notice that one is followed by **a** and others by **de**. Always learn the preposition that goes with each phrase:

Está	**lejos**	de aquí	It is	*far from here*
	cerca	del banco		*near the bank*
	enfrente	de la plaza		*facing the square*
	al lado	de Correos		*next to the Post Office*
	junto	a la farmacia		*next to the chemist's*
	al final	de la calle		*at the end of the street*
	al fondo	del pasillo		*at the bottom of the corridor*

3 Demonstrative adjectives (this, these)

este	hotel	*this hotel*
esta	calle	*this street*
estos	hoteles	*these hotels*
estas	calles	*these streets*

4 Demonstrative pronouns

The same forms are used where the noun is left out, but the accent is used to indicate that it is a pronoun, which means that it stands in for the noun:

este hotel	*this hotel*	esta calle	*this street*
éste	*this one*	**ésta**	*this one*
estos hoteles	*these hotels*	estas calles	*these streets*
éstos	*these ones*	**éstas**	*these ones*

5 Preposition *a*

(See pages 80, 169 and 170) for other notes on prepositions.)

Está **a**	cinco minutos de aquí	It's	five minutes from here
	70 kilómetros de Madrid		70 km from Madrid
	dos calles de aquí		two streets from here

Unidad 6

Hay que hacer transbordo

What you will learn in this unit
- To ask and give information about public transport
- To ask and tell the time
- To ask and give information about times of transport

A Asking and giving information about transport

Dialogue

1 On a street in Madrid, Paul Richards stops a passer-by to ask for directions.

Sr. Richards	¿Sabe usted si hay alguna estación de metro por aquí?
Transeúnte 1	Lo siento, no sé. No soy de aquí.
Sr. Richards	(*Stopping another passer-by*) Perdone, ¿hay alguna estación de metro por aquí?
Transeúnte 2	No, por aquí no hay ninguna. La estación más cercana es la de Goya.
Sr. Richards	¿Está muy lejos?
Transeúnte 2	Está a unos veinte minutos a pie. Pero el autobús número cinco pasa por Goya. La parada está en esa esquina.
Sr. Richards	Gracias.
Transeúnte 2	De nada.

2 At the ticket office. (*Estación de Goya*)

Sr. Richards	¿Qué línea tengo que tomar para ir a República Argentina?
Empleada	Tiene que tomar la línea que va a Esperanza.

Sr. Richards	¿Hace falta hacer transbordo?
Empleada	Sí, hay que hacer transbordo en Diego de León. Allí tiene que tomar la línea que va a Cuatro Caminos. Esa pasa por República Argentina.
Sr. Richards	Gracias.

Practice

1 Study the map of the Madrid metro and then work out conversations along the following lines, assuming that you are at *Estación Sol*.

Pregunta	¿Qué línea tengo que tomar para ir a (*Retiro*)?
Respuesta	Tiene que tomar la línea que va a (*Ventas*).
Pregunta	¿Hace falta hacer transbordo?
Respuesta	No, no hay que hacer transbordo. Va directo.

Pregunta	¿Qué línea tengo que tomar para ir a (*Velázquez*)?
Respuesta	Tiene que ir a Goya, hacer transbordo y es la primera estación.

Pregunta   ¿Cómo voy a La Estrella?

Respuesta   La Estrella... bueno, está un poco lejos.

Pregunta   ¿Cuántas estaciones?

Respuesta   Unas seis o siete. Vamos a ver. Vas primero a Príncipe de Vergara y allí tienes que cambiar a la línea que va a Sainz de Baranda. Estrella es la estación que sigue.

2 Match each of these questions with the corresponding answer below:

Preguntas
1   ¿Sabe usted dónde está la estación?
2   ¿Cuál es el tren que va a Zaragoza?
3   ¿Por dónde pasa el autobús número doce?
4   ¿Dónde está la parada?
5   ¿Adónde va este autocar?
6   ¿Va usted a pie?
7   ¿Hay algún aparcamiento por aquí?
8   ¿Hay que hacer transbordo?

Respuestas

(*a*) No, por aquí no hay ninguno. El más cercano está en la plaza.

(*b*) No hace falta. Va directo.

(*c*) No, no sé dónde está. No soy de aquí.

(*d*) No, voy en coche.

(*e*) Pasa por la Avenida Santa María.

(*f*) Va a Granada.

(*g*) Es ése. El del segundo andén.

(*h*) La del doce está en la esquina.

3 Study the bus route at the top of the next page and answer these questions.

(*a*) ¿Qué autobús tengo que tomar para ir a Las Condes?

(*b*) ¿Dónde está la parada?

(*c*) ¿Adónde va el autobús número 112?

(*d*) ¿En qué calle hay que tomar el autobús que va a la Avenida Bilbao?

(*e*) ¿El autobús número 5 pasa por Alameda?

(*f*) ¿Qué autobuses van a la Avenida Providencia?

turismo	AUTOBUSES DESDE EL CENTRO DE SANTIAGO		
DESTINO	**LINEA**	**Nº**	**CALLE EN QUE SE TOMA**
LAS CONDES	Centro – Las Condes El Golf La Dehesa – Lo Barnechea	104 50 4	Merced Merced San Antonio
VITACURA	Vitacura Centro – Tabancura Villa El Dorado	 112 28	Merced Santa Lucía San Antonio
PROVIDENCIA	Avda. B. O'Higgins Canal San Carlos Tobalaba – Las Rejas	4 78 18	Alameda Alameda Alameda
BILBAO	Bilbao – Lo Franco Bilbao – Villa Portales Avda. B. O'Higgins	6 2 5	Alameda Merced Alameda

B Asking and telling the time

Dialogue

Sr. García is travelling to Mexico. Before leaving for the airport he talks to his personal assistant.

Sr. García   ¿Qué hora es?

Secretaria   Son las doce.

Sr. García   ¿A qué hora sale el avión para México?

Secretaria   Sale a las dos y cuarto. Tiene que estar en el aeropuerto a la una y cuarto. ¿Necesita un taxi?

Sr. García   No hace falta, gracias. Voy con mi mujer en el coche. Ella viene a las doce y media.

Practice

1 Ask and tell the time, like this:

¿Qué hora es?

Es la una.   Es la una y cuarto.   Son las dos menos cuarto.

Son las dos.   Son las dos y media.   Son las tres en punto.

Son las seis y diez.   Son las ocho y veinticinco.   Son las diez menos veinte.

2 **¿Qué programa hay esta noche?**

Look through the schedule and see what's on. What do you want to watch?
Ejemplo: Quiero ver las noticias de las 20.20.

NOCHE

21.00 Telediario 2.
21.27 El tiempo.
21.30 ¿Qué apostamos? Presentado por Ramón García y Ana Obregón.
24.00 Frontera límite: Ushuaia. La pasión por la aventura y la búsqueda de nuevas emociones en el deporte configuran la mayoría de los reportajes.
1.00 Telediario 3.
1.10 La conjura. Nuevo en emisión.
2.05 Cine de madrugada. *Boletín especial.* La programación habitual de una cadena de televisión se interrumpe para dar paso a un espacio informativo de urgencia: como protesta contra el armamento nuclear, un grupo no identificado amenaza con destruir totalmente una ciudad, Charleston, si no son atendidas sus peticiones de desmantelamiento del arsenal atómico.
3.45 Despedida y cierre.

20.00 La 2. Noticias.
20.20 Informativo territorial.
20.30 Los Fanelli. *El combate de boxeo.*
21.00 Lingo.
21.30 Días de cine.
22.00 El gran cine de La 2. *Escenas de la lucha de sexos en Beverly Hills.* Lise se ha librado de su marido por medio del divorcio y Claire por defunción, aunque el fantasma de su esposo se le aparece de vez en cuando. Ambas mujeres son vecinas y están rodeadas de sexo por todas partes. Emisión en dual.
23.55 Doctor en Alaska. Serie.
1.00 Cineclub. Sesión de repertorio (1). *Van Gogh.* Vincent van Gogh tiene 37 años. Comienza a ser apreciado como pintor, aunque su arte aún no le produce grandes beneficios. Se siente cansado y enfermo y se retira a un pequeño publecito en el que llevará una vida más apacible. Versión original con subtítulos.
3.35 Cineclub. Sesión de repertorio

20.28 A toda página. Con Marta Robles.
20.59 Noticias.
21.34 Canguros. Serie. *Una chica natural.*
22.20 Cine. *El gran McLintock.* G. W. McLintock es un rudo terrateniente al que todo le ha salido bien en la vida, excepto su matrimonio. Su bella esposa, Katherine, lleva dos años separada de él porque no aguanta la vida en el rancho y todo lo que conlleva. Sin embargo, Katherine ha vuelto a quedarse unos días con la intención de pedirle a McLintock el divorcio y solicitarle que Rebecca, la hija de ambos, pueda vivir con ella.
0.10 La escena del crimen. Serie.
1.00 Noticias.
1.30 Fútbol. Torneo Mercosur. Brasil-Uruguay. Desde Mar de Plata.
3.05 Televenta.
4.35 Cine de madrugada. *Dedicatoria.* Madrid, años ochenta. Juan es periodista y quiere conseguir una entrevista de Luis Falcón.

3 **Qué hora es en Los Angeles?**

You work in an office in Madrid that deals across time zones. Look at these clocks and check the times:

Madrid Buenos Aires México Los Angeles

Your section head wants you to put through a call to the other three centres. It is 10 a.m. now in Madrid. Work out for her what time the other offices will open and what time you will be able to reach each one, supposing that they open for business at 9.30.

4 You work for an airline. Spanish speakers often come to ask for information about flights to South America. Look at the table below and answer their questions:

Pasajero 1

(*a*) ¿Qué días hay avión a Bogotá?
(*b*) ¿Cuántos vuelos hay?
(*c*) ¿De dónde salen los vuelos?
(*d*) ¿A qué hora sale el avión?

Pasajero 2

(*a*) ¿Hay vuelos a Lima los viernes?
(*b*) ¿Qué día hay vuelos?
(*c*) ¿Cuántos vuelos hay?
(*d*) ¿A qué hora sale?

lunes	viernes
martes	sábado
miércoles	domingo
jueves	

MIAMI/BOGOTA

TODOS LOS *VIERNES*

FEBRERO:	6, 20, 27
MARZO:	13, 27
ABRIL:	3, 10, 16, 24

HORARIO: 0910/1600

MIAMI/LIMA

TODOS LOS *DOMINGOS*

MAYO:	31
JUNIO:	7, 14, 21, 28
JULIO:	5, 12, 19, 26, 30
AGOSTO:	2, 3, 9, 16, 23, 30
SEPTIEMBRE:	6, 13, 20, 27

HORARIO: 0850/1550

5 Translation

Some letters have been received by your company and as the manager does not understand Spanish he has asked if you can translate:

HOTELES UNIDOS
Apartado 347 – Tel. 541 27 42 –
Avda. del Mar 32 – Málaga

Málaga, 24 de mayo de 19 . .

Johnson & Co. Ltd.
44 St Mary's Road
Londres SW2
Inglaterra

Muy señores nuestros:

  La presente tiene por objeto anunciarles el viaje a Londres de nuestro representante, el señor Gustavo Lagos. El señor Lagos viaja en el vuelo 521 de Iberia el próximo lunes 31 de mayo. Sale de Málaga a las 16.30 y llega a Heathrow a las 18.30, hora local.

Les saluda muy atentamente.

Ramón Pérez

Director General
Hoteles Unidos

Cocinex S.A.

Estimada Helen:

Escribo para confirmar los detalles de mi viaje a Londres la próxima semana. Viajo en el vuelo 123 de Aeromex el día miércoles 2 de junio. Salgo de Guadalajara a las 22:30 horas y llego a las 14:45 (hora de Londres).

Atentamente.

María de los Ángeles Calderón

---

6 Letter writing

Patricia Davies, a representative of Johnson & Co. Ltd. is travelling to Málaga to have talks with Sr. Ramón Pérez. Write a letter similar to the one above announcing her visit and giving details of the flight.

Listening comprehension

1 You are working at a travel agency in Mexico and you are asked to arrange some bookings by a colleague. Fill in the tables below with the travellers' requirements.

Nombre: Sr. Cristóbal Valdés

Destino	Fecha y hora	Alternativa	Fecha de regreso	Clase

Nombre: Sr. y Sra. Ramos

Destino	Fecha y hora	Línea Aérea	Fecha de regreso	Clase

2 Sr. Ramos comes to confirm the details of his flight. Answer his questions:

(*a*) ¿Para qué fecha es mi vuelo?
(*b*) ¿A qué hora sale el avión?
(*c*) ¿Cuál es la fecha de regreso?
(*d*) ¿Qué línea aérea es?
(*e*) ¿A qué hora sale de Nueva York?

Reading comprehension

El transporte en España

El relieve geográfico de España, particularmente sus montañas, hacen difíciles y costosas las comunicaciones entre distintos puntos del país. Madrid está conectado con las ciudades más importantes a través de un sistema radial de carreteras que salen desde la capital hacia diversos puntos de la Península. Pero, las comunicaciones entre las provincias y entre las ciudades y pueblos del interior y de la periferia, son en general deficientes. Frecuentemente hay que viajar muchas horas para cubrir distancias relativamente cortas.

Desde su entrada en la Comunidad Económica Europea en 1986, España hace grandes esfuerzos para mejorar su sistema de comunicaciones. La idea es conectar las principales ciudades del país a través de un moderno sistema de autovías y autopistas. Muchas de ellas ya son una realidad.

RENFE (Red Nacional de Ferrocarriles Españoles)

Renfe cuenta con un amplio servicio nacional e internacional. En muchas partes del país, el servicio es lento y deficiente en general. Pero las ciudades principales están ahora unidas por un servicio de trenes rápido y moderno. El *Talgo*, por ejemplo, es un tren rápido, que alcanza una velocidad de doscientos kilómetros por hora. El *Talgo* une a Madrid con Sevilla, Barcelona y otras ciudades principales. También hay un servicio internacional que va a París, Lisboa y Ginebra. Y desde 1992, año de la Feria Internacional de Sevilla, existe el *AVE*, un tren de alta velocidad que une Madrid con Sevilla, la capital de Andalucía.

Intercity Madrid-Valencia-Castellón y v.v.

Especialmente planeado para viajes puente entre grandes núcleos urbanos. Con música ambiental, climatización, insono-rización, azafatas, distribución de prensa y revistas, servicio de comidas, juegos «de mesa», etc. Cubre el recorrido Madrid-Valencia en cinco horas, a una velocidad media aproximada de 110 Km/h.

Corail Madrid-Gijón y v.v

Otro nuevo tren —muy utilizado en toda Europa— actualmente en servicio entre Madrid y Gijón, y que próximamente se implantará en otros muchos recorridos. Con casi cuatrocientas plazas. Restaurante, cafetería, azafatas, climatización, insonorización, asientos regulables, etc.

Talgo Pendular Madrid-Zaragoza-Barcelona y v.v.

Un nuevo Talgo con suspensión articulada pendular. Ocho horas Madrid-Barcelona y cuatro a Zaragoza. Con servicio de restaurante y cafetería, música ambiental y periódicos.

Expreso.

Concebido para largos recorridos de noche. Con servicio de literas y coches-cama, además de plazas sentadas y auto-expreso, con plataforma para los automó-viles. En servicio por toda la península.

Ter.

Tren de tracción diesel para largos y medios recorridos. Concebido para trayectos de día. Con cafetería y aire acondicio-nado. En servicio para todo el país.

El automóvil, señor de los caminos

Uno de los resultados más evidentes del desarrollo económico experimentado por España en las últimas dos décadas es el considerable aumento en el número de automóviles. El coche es el principal medio de transporte terrestre entre los españoles y en las grandes ciudades es causa de graves congestiones y contaminación acústica y ambiental. Los principales fabricantes de automóviles del mundo tienen instalaciones en España y un gran porcentaje de los coches que allí se fabrican están destinados a la exportación.

1 Summary

You have been asked to assist in the publication of a brochure on Spain for English speakers. Write a brief summary in English of the passage "El transporte en España", for inclusion in that brochure.

2 You are working for a company which often sends people to Spain on business. Your boss needs some information regarding rail travel in Spain. Look at the train information produced by RENFE and then answer the questions:

(*a*) How long does it take to travel from Madrid to Valencia?

(*b*) Does the Talgo between Madrid and Barcelona stop anywhere?

(*c*) How long does it take to travel between Madrid and Barcelona? Is there a restaurant car?

3 Translation

Translate into English the passage "El automóvil, señor de los caminos".

Summary

A Asking and giving information about transport

(**i**) ¿Sabe usted si hay alguna estación de metro por aquí?
Do you know if there is an underground station round here?

La estación más cercana es la de Goya.
The nearest (station) is Goya.

(**ii**) ¿Qué línea tengo que tomar para ir a República Argentina?
What line must I take to go to República Argentina?

(**iii**) ¿Por dónde pasa el autobús número doce?	*Where does the number 12 bus go?*
Pasa por la Avenida Santa María.	*It goes down Santa María Avenue.*
(**iv**) ¿Hace falta hacer transbordo/ cambiar?	*Do you need to change?*
Sí, hay que hacer transbordo/ cambiar.	*Yes, you do.*

B Asking and telling the time

¿Qué hora es?	*What's the time?*
Es la una.	*It's one o'clock.*

C Talking about specific times: travel

¿A qué hora sale el avión para México?	*What time does the plane leave for Mexico?*
Sale a las dos y cuarto.	*It leaves at 2.15.*

Grammar

1 Tener que + infinitive

See pages 25 and 49 for *tener*. **Tener que** (*to have to*) is a useful phrase, rather like **deber** or **hay que** (see below):

tener que		to have to	
tengo		estar en el aeropuerto a la una	*I have to be at the airport at one*
tienes **tiene**	**que**	hacer transbordo	*You have to change*
tenemos			
tenéis **tienen**		tomar el autobús número doce	*You have to catch the number 12 bus*

2 Hacer falta, hay que + infinitive

Spanish has a lot of impersonal constructions, like our *there is, there are*. **Hace falta** and **hay que** imply obligation – *you've got to*:

Hace falta **Hay que**	hacer transbordo. construir más autopistas.	*You've got to change trains.* *You've got to build more motorways.*

3 Ir, saber, venir (present tense indicative)

ir *to go*	**saber** *to know*	**venir** *to come*
voy	**sé**	**vengo**
vas	**sabes**	**vienes**
va	**sabe**	**viene**
vamos	**sabemos**	**venimos**
vais	**sabéis**	**venís**
van	**saben**	**vienen**

Va a pie/andando.	*He's going by foot.*
Vamos en coche.	*We're going by car.*
Vais en tren.	*You are going by train.*

¿**Sabes** dónde está?	*Do you know where he is?*
¿**Sabe** qué hora es?	*Do you know what time it is?*
¿**Sabéis** a qué hora sale?	*Do you know what time he's going out?*

Viene en avión.	*He's coming by plane.*
Venimos en coche.	*We're coming by car.*
Vienen de Madrid.	*They're coming from Madrid.*

4   Ser to be

Ser is used to indicate time:
(See pages 12, 25 and 92 for the uses of **ser** and **estar**)

¿Qué hora **es**?	*What's the time?*
Es la una	*It's one o'clock*
Son las dos	*It's two o'clock*

(**La una** because it refers to **hora** which is feminine)

5   Demonstrative adjectives: that, those

ese vuelo	*that flight*
esa esquina	*that corner*
esos coches	*those cars*
esas horas	*those times*

6   Demonstrative pronouns: that, those

As we saw in Unit 5 with **éste**, you simply put an accent when the noun is
omitted because it is taken as understood: **ése   ésa   ésos   ésas**

ese vuelo > **ése**	*that flight > that one*
esa esquina > **ésa**	*that corner > that one*

7 Ninguno, ningún/ninguna: *no, none*

(**Alguno** appears on page 66.)

ningún tren   *no train*
ninguna estación   *no station*

Useful phrases: No hay ninguno.   *There isn't any.*
                  Ninguno de los dos.   *Neither of them.*

8 Preposition + question word

(See pages 67, 169 and 170 for more on prepositions.)

¿A qué hora sale el avión?   *What time does the plane depart?*
¿De qué estación sale?   *Which station does it go from?*
¿A qué ciudad va?   *Which city does it go to?*
¿Adónde va?   *Where does it go to?*

9 Para

Para is used in the following cases:

Direction   El avión **para** México sale a las dos y cuarto.
             The plane for Mexico departs at 2:15.

Date   ¿**Para** qué fecha es mi vuelo?
             What date is my flight for?

Purpose   ¿Qué línea tengo que tomar **para** ir a Retiro?
             What line have I got to take to go to Retiro?

10 Por

Por is used to mean *through.*

Pasa **por** Goya.   *It goes through Goya.*

Both **por** and **para** have further uses which require close study. You will see
more about them on pages 50, 105, 148, 169 and 170.

Unidad 7

Es muy cómodo

What you will learn in this unit
- To describe colour, make, weight, size and material of something
- To say you are pleased
- To say what a company's business is
- To say what a company makes and exports
- To say where a company is located, how many staff it employs and if it has branches

A Describing an object

Dialogue

Fernando Giménez has bought a new car. In this conversation he describes his car to his friend Gloria.

Fernando	¡Hola! ¿Qué hay?
Gloria	¡Hola Fernando! ¿Qué tal tu coche?
Fernando	Estupendo. Estoy muy contento con él. Es muy cómodo y económico.
Gloria	¿Qué marca es?
Fernando	Es un Seat Ibiza.
Gloria	¡Es nuevo!
Fernando	Sí, es nuevo.
Gloria	¿De qué color es?
Fernando	Es blanco. Tú también tienes un Seat, ¿verdad?
Gloria	Sí, tengo un Seat Toledo.
Fernando	¿Y qué tal es?
Gloria	Es muy bueno.
Fernando	Es aquel coche que está allí, ¿no?
Gloria	Sí, aquél azul.

81

Practice

1 What is Fernando's car like? Use his description of the car to fill in this table:

Marca	Modelo	Color	Características

2 Imagine your car has been stolen while on business in Spain and you need to describe your car to the police. First, fill in the form which follows with information about the car, real or imaginary. Then describe your car, using as a guideline the questions below.

Propietario ....

Dirección ....

Teléfono ....

Marca ....

Modelo ....

Color ....

Matrícula ....

(*a*) ¿Usted es el propietario?
(*b*) ¿Su nombre, por favor?
(*c*) ¿Cuál es su dirección aquí en España?
(*d*) ¿Su número de teléfono?
(*e*) ¿Qué marca es el coche?
(*f*) ¿Qué modelo es?
(*g*) ¿De qué color es?
(*h*) ¿Cuál es el número de matrícula?

Useful words and phrases

Es un coche marca...
... modelo...
... de color rojo (red), **verde** (green), **blanco** (white), **azul** (blue), **gris** (grey), etc.
La matrícula del coche es ...

3 Catherine Johnson had her bag stolen while on business in a Latin American country. Catherine had to report the theft to the police in writing in order to claim insurance on her return home. Here is part of that report. Read it through and then check your understanding by answering the questions below.

```
... el día de ayer, veinticinco del mes de febrero del
año en curso, siendo aproximadamente las cinco de la
tarde, me percaté del robo, desde mi habitación en el
Hotel Los Mayas, de mi pasaporte número L734215D, a mi
nombre; cien dólares en cheques de viajero; ochenta
libras esterlinas y cuatrocientos cincuenta pesos
mexicanos; cuatro boletos de viaje de Mérida a Cuba,
mi boleto de regreso a Inglaterra y mi tarjeta de
turista mexicana...
```

Useful words and phrases

el año en curso   the current year
me percaté   I realized
robo (*m*)   theft
a mi nombre   in my name
cheques de viajero (*m pl*)   travellers cheques
boleto (*m*)   ticket (Latin America; in Spain **el billete**)
regreso (*m*)   return
tarjeta de turista (*f*)   tourist card

Answer in English

(*a*) When did the theft take place?
(*b*) Where did it happen?
(*c*) How much money was stolen?
(*d*) What tickets were stolen?

4 You travel constantly between your country and Spain, so you have decided to buy a portable personal computer (*un ordenador portátil*) to be able to work while you wait at airports or during the flights. Here's some basic information about the new laptop you've bought. Read it through with the help of the words which follow.

Marca	Yamimoto
Peso	2,7 kilos
Memoria	4 Mb (megabytes)
Disco duro	120 Mb
Unidades de disco	1 unidad de 3.5DD (doble densidad)
Sistema operativo	DOS y Windows

Useful words and phrases

peso (*m*)   weight
pesar   to weigh
memoria (*f*)   memory
disco duro (*m*)   hard disk
disquetera/unidad de disco   (*f*) disk drive
sistema operativo (*m*)   operating system
tiene una memoria interna/externa de...   it has an internal/external
   memory of ...
tres y medio $(3\frac{1}{2})$ three and a half

A Spanish-speaking friend asks you about your new laptop. Use the
information above to answer his questions.

(*a*) ¿Qué marca es tu nuevo ordenador portátil?
(*b*) ¿Cuánto pesa?
(*c*) ¿Tiene disco duro?
(*d*) ¿Qué memoria tiene?
(*e*) ¿Cuántas unidades de disco (disqueteras) tiene?
(*f*) ¿Qué sistema operativo tiene?

5   On arriving in a Spanish-speaking country, you find that your suitcase has been
lost. Follow the guidelines in English to complete this conversation with the
airline employee. The words and phrases below will help you to do so.

Empleado	¿Su nombre, por favor?
Usted	(*Give your name*)
Empleado	¿Y el número de su vuelo?
Usted	(*Give your flight number*)
Empleado	¿De dónde viene?
Usted	(*Say where you are coming from*)
Empleado	¿Tiene el ticket de su maleta?
Usted	(*Say yes, here you are*)
Empleado	¿Lleva su nombre la maleta?

Usted	(*Say no, but it has your initials. Say what these are. Say it's a large green suitcase*)
Empleado	¿Y qué lleva en la maleta?
Usted	(*Say it contains clothes and some personal effects*)
Empleado	Bien, un momento por favor.

Useful words and phrases

maleta (*f*)   suitcase
vuelo (*m*)   flight
llevar   to have, to carry
iniciales (*f pl*)   initials
contiene   it contains
ropa (*f*)   clothes
efectos personales (*m pl*)   personal effects

Now get together with another student and adapt the conversation above using some of these words:

Color (colour): **marrón** (brown), **azul** (blue), **gris** (grey), **negro** (black), **rojo** (red), **amarillo** (yellow), **blanco** (white).
Tamaño (size): **pequeño** (small), **mediano** (medium-sized)
Contenido (contents): **muestras** (samples), **documentos** (documents), **artículos de tocador** (toiletries), **regalos** (presents)

B Describing an organization

Dialogue

At a trade fair in Barcelona Sr. García talks to a foreign industrialist.

Industrial	¿A qué se dedica su empresa?
Sr. García	Nuestra empresa se dedica a la importación y exportación de productos manufacturados y de materias primas.
Industrial	¿Qué tipo de productos exportan?
Sr. García	Exportamos calzado, artículos de piel en general, muebles, electrodomésticos, artículos de deporte y muchos otros productos.
Industrial	¿Sus oficinas están en Barcelona?
Sr. García	No, nuestras oficinas están en Madrid, pero tenemos representantes en algunos países de Europa, en Latinoamérica y en Africa. Aquí tiene usted mi tarjeta.
Industrial	Gracias.

Practice

1 Answer these questions about the conversation above.

  (*a*) ¿A qué se dedica la empresa del Sr. García?
  (*b*) ¿Qué tipo de productos exporta?
  (*c*) ¿Dónde están sus oficinas?
  (*d*) ¿Dónde tienen representantes?

2 You are attending a trade fair in a Latin American country. At one of the stands you talk to someone about you and your company. Use the guidelines in English and the phrases below to complete this conversation:

Latinoamericano Buenas tardes. Yo soy Miguel Rojas. Soy el jefe de marketing de Finasa.

Usted (*Say you are pleased to meet him and introduce yourself.*)

Latinoamericano ¿De dónde es usted?

Usted (*Say where you are from.*)

Latinoamericano ¿Es la primera vez que visita nuestro país?

Usted (*Say yes, it's the first time. You are a representative of Agrimachinery, from (country). Your offices are in (city).*)

Latinoamericano ¿Y a qué se dedica su empresa?

Usted (*Say your company produces agricultural machinery. You export to Latin America, Africa, Asia ...*)

Useful words and phrases

> **jefe de marketing** (*m*)   marketing manager
> **primera vez** (*f*)   first time
> **visitar**   to visit
> **soy el representante de...**   I'm the representative of ...
> **fabrica**   it makes, manufactures
> **maquinaria agrícola** (*f*)   agricultural machinery

3 SEGSA, a large Spanish insurance group, has invited you to visit their company in Madrid. While you wait to be received by one of the company executives you read a brief information brochure in Spanish published by the firm. Read this introduction to the brochure and see how much you can understand by answering the questions below.

EL GRUPO SEGSA

El grupo SEGSA, fundado en 1925, es la empresa de seguros más grande de España. Sus oficinas centrales en Madrid tienen más de tres mil empleados y su red de oficinas en las principales ciudades de España y de la Europa comunitaria da trabajo a otros 2.000. SEGSA es hoy una empresa internacional en rápido proceso de expansión. Entre sus planes de expansión está la creación de cinco filiales en América Latina y el establecimiento de empresas conjuntas con importantes grupos aseguradores europeos y norteamericanos. Su capacidad de innovación, su dinamismo, la calidad de sus servicios y su gestión financiera convierten a SEGSA en una de las empresas de mayor prestigio en España y en el principal grupo asegurador de nuestro país.

(*a*) When was SEGSA founded?
(*b*) Where is its main office?
(*c*) How many employees does the company have in Madrid?
(*d*) Where else does it have offices?
(*e*) What are SEGSA's expansion plans?
(*f*) What characteristics of the company are highlighted in the introduction?

4   Translation

You are a freelance translator in a Spanish-speaking country. You have been asked to translate a Spanish text into English, which will be included in a company information brochure. This is part of that text:

'Industrias Monterrey está integrado por once empresas que emplean un total de 17.300 personas. Las principales instalaciones de Industrias Monterrey están en la ciudad de Monterrey a 915 kilómetros de la ciudad de México. Las tres empresas principales producen automóviles, camiones, autobuses, vagones de ferrocarril, vagones para el transporte colectivo (Metro), etc.'

5 Writing

Study this description of a Mexican company:

Nombre de la empresa	Rimex S.A.
País	México
Actividad	Producción de materias primas para plásticos y fibras sintéticas
Situación	Ciudad de México
Personal	5.500
Filiales	Veracruz, Monterrey

Rimex S.A. es una empresa mexicana que produce materias primas para plásticos y fibras sintéticas. Rimex S.A., que está en la Ciudad de México, tiene un plantel de 5.500 empleados y tiene filiales en Veracruz y Monterrey.

Now write a similar paragraph using this information:

Nombre de la empresa	Corpoven S.A.
País	Venezuela
Actividad	Producción de estructuras metálicas para la construcción
Situación	Ciudad de Guayana
Personal	2.200
Filiales	Maracaibo, Caracas

Listening comprehension

Listen to this talk given by the public relations consultant of a Mexican bank in which she describes the organization to a group of visiting business people. You are one of those present. Take brief notes in English of the main points of the talk.

Reading comprehension

Latinoamérica, un mundo en desarrollo

Las naciones de América Latina son países en vías de desarrollo. Aunque hay diferencias notables entre los distintos países, ellos comparten problemas comunes: una gran dependencia económica con respecto de las naciones desarrolladas – Estados Unidos, Europa, Japón –, escasa industrialización, y un producto nacional bruto (P.N.B.) e ingreso per cápita muy inferior al de los países industrializados.

Países monoproductores

La mayoría de los países latinoamericanos son monoproductores, es decir, sus ingresos provienen de la comercialización de un solo producto. Los países centroamericanos, por ejemplo, dependen casi exclusivamente de la comercialización de productos agrícolas tales como café y plátanos. Otros, como Chile, Perú y Bolivia, dependen fuertemente de la explotación de sus recursos minerales. Las fluctuaciones en los precios de estos productos en el mercado internacional producen grandes alteraciones en las economías de estos países.

La minería del cobre es la principal actividad económica de Chile

Latinoamérica exporta gran parte de sus materias primas a los Estados Unidos, a los países de la Unión Europea y Japón. Pero, la balanza de pagos es en general desfavorable a Latinoamérica, ya que hace falta importar casi todo tipo de maquinaria, vehículos e instrumental para la explotación de sus recursos naturales. También se importan muchos productos de consumo doméstico y alimentos.

Una de las principales exportaciones de Colombia es el café

Transformación económica e integración

A fines de la década de los ochenta y comienzos de los noventa varias naciones de América Latina, entre ellas Chile, México, Argentina, inician un vasto plan de reconversión económica. Éste incluye la privatización de muchas empresas públicas y el cierre de muchas otras consideradas no viables económicamente. La reducción del gasto público, la creación de nuevas industrias, la entrada de capitales desde el exterior y la diversificación y aumento de las exportaciones, permiten un notable progreso económico. Pero, el progreso y la modernización no llegan a todos los sectores de la sociedad; las diferencias entre los distintos grupos sociales, tan evidentes en América Latina, persisten y en algunos casos se acentúan.

Algunas naciones latinoamericanas comprenden la importancia de la integración económica para lograr el desarrollo y establecen acuerdos comerciales bilaterales; en 1991, Argentina, Uruguay, Paraguay y Brasil forman el *Mercosur* (Mercado Económico del Cono Sur); y en 1993, México, Estados Unidos y Canadá establecen el *Tratado de Libre Comercio de América del Norte* (*NAFTA*), que crea el mercado comercial más grande del mundo, con 363 millones de personas.

1 Translation

Translate into English the passage **Países monoproductores**.

2 Answer in English

(*a*) What Latin American economic problems are highlighted in the first passage?

(*b*) What economic changes occurred in Latin America at the end of the eighties and beginning of the nineties?

(*c*) What examples of economic integration are mentioned in the text?

Summary

A Describing an object

(i) General characteristics:

Es cómodo. Es económico.   *It's comfortable. It's economical.*

(ii) Colour:

¿De qué color es? Es azul.   *What colour is it? It's blue.*

(iii) Make:

¿Qué marca es? Es un Seat.   *What make is it? It's a Seat.*

(iv) Weight:

¿Cuánto pesa?   *How much does it weigh?*
Pesa 2,70 kilos.   *It weighs 2,70 kilos.*

(v) Size:

¿De qué tamaño es?   *What size is it?*
Es grande/pequeño.   *It's large/small.*

(vi) Material:

¿De qué material es?   *What's it made of?*
Es de cuero.   *It's made of leather.*

B Describing a state of being

¿Estás contento?   *Are you pleased?*
Sí, estoy contento.   *Yes, I am.*

C Describing an organization

(i) Describing its work:

¿A qué se dedica su empresa?   *What does your firm do?*
Se dedica a la importación y   *It deals in imports and exports.*
    exportación.

(ii) Specific function:

¿Qué tipo de productos fabrican/exportan?
What kind of products do you manufacture/export?

Fabricamos/exportamos calzado.   *We produce/export footwear.*

(iii) Situation:

¿Dónde están sus oficinas?   *Where are your offices?*
Están en Madrid.   *They're in Madrid.*

(iv) Staff:

¿Cuántos empleados tiene?   *How many staff has it got?*
Tiene 3.000 empleados.   *It's got 3000 staff.*

(v) Branches:

¿Tiene filiales?   *Does it have any branches?*
Sí, tiene filiales en Monterrey y   *Yes, in Monterrey and Veracruz.*
Veracruz.

Grammar

1 Estar *to be*

(See pages 25 and 79 for more on **estar** as well as **ser**.)

Estar can be used to express a state of being, how you feel:

estar		
estoy		
estás		
está	**Está** contento/a.	*He/She's content.*
estamos	**Estamos** bien.	*We're fine.*
estáis		
están	**Están** enfermos.	*They're ill.*

2 Otro/otra/otros/otras: *another, other*

otro	coche	*another*	*car*
otra	empresa	*another*	*company*
otros	empleados	*other*	*employees*
otras	firmas	*other*	*firms*

3 Demonstrative adjectives: those (over there)

These are used to suggest that something is more remote in place or time than
simply using **ese** (see pages 79 and 166).

aquel coche	*that car (over there)*
aquella casa	*that house (over there)*
aquellos coches	*those cars (over there)*
aquellas casas	*those houses (over there)*

4 Demonstrative pronouns

As before (see Units 5 and 6) you simply add the accent if you want **aquél** to stand on its own, when you know what it is referring to, in the sense of *that one* (*over there/right over there/up there*) *etc.*

aquél	aquéllos
aquélla	aquéllas

Santiago de Chile

Unidad 8

Un café para mí

What you will learn in this unit
- To book a table at a restaurant and a hotel room
- To specify your food and hotel requirements
- To state your preferences

A Requesting a service and specifying your requirements

Dialogue

Angela Rodríguez and her husband José are planning to go to a restaurant. Angela telephones the restaurant to book a table.

Camarero	Restaurante El Faro. ¿Dígame?
Angela	Quiero reservar una mesa para esta noche.
Camarero	Sí, cómo no. ¿Para cuántas personas?
Angela	Para dos.
Camarero	¿Y para qué hora?
Angela	Para las nueve y media.
Camarero	De acuerdo. Una mesa para dos personas para las nueve y media. ¿A qué nombre?
Angela	Angela Rodríguez.
Camarero	Perfectamente.
Angela	Adiós, gracias.

RESTAURANTE
EL FARO
2ª CALLE
A LA DERECHA

Practice

1 Get together with another student and make up a similar conversation. Here is a restaurant.

2 On your desk this morning you found the following note from your manager:

> Please phone Hotel El Torero in Seville and book a single room for our representative Mr. John Wilson. He'll be arriving in Seville on February 17th and will be staying there for a week.

You (*Student A*) phone the hotel and make the booking. The receptionist (*Student B*) answers the phone.

Recepcionista	Hotel El Torero. ¿Dígame?
Usted	....
Recepcionista	¿Quiere una habitación individual o doble?
Usted	....
Recepcionista	Individual. Perfectamente. ¿Y para qué fecha la quiere?
Usted	....

Recepcionista	Muy bien. Entonces, es una habitación individual para una semana a partir del diecisiete de febrero. ¿Cuál es el nombre de la persona?
Usted	....
Recepcionista	¿Cómo se escribe el apellido?
Usted	....
Recepcionista	Ah, Wilson. De acuerdo.
Usted	....
Recepcionista	De nada. Adiós.

3   At-sight translation

You are working at a large hotel. A fellow employee comes up to you with a letter in Spanish and asks you to translate it for him. Here is the letter:

Montevideo, 6 de mayo de 19 . .

Hotel Europa
52 Park Lane
Londres W1
Inglaterra

Muy señores míos:

     Les ruego reservarme una habitación doble para quince días a partir del 4 de junio próximo.

                     Les saluda atte.*

                       Juan Urrutia

Juan Urrutia
Calle Pocitos 1621, Apto. 30
Montevideo, Uruguay

---

*atte. = atentamente

Note the use of the set phrase *le(s) ruego* (rogar: **o** ⟩ **ue**) + *infinitive* to request something, used frequently in formal letter writing. Here are some further examples:

Le(s) ruego	pasar por mi oficina ...
	enviarme su catálogo ...
	mandarme la lista de precios ...
	confirmar la reserva ...
	informarme sobre ...

4 Letter writing

You are travelling to Spain on holiday. Write a letter in Spanish booking a room at **this** hotel.

Specify your requirements:

una habitación doble/individual
con baño/terraza/vista al mar
para (cuatro) días/(una) semana/(un) mes
con desayuno/media pensión/pensión completa

HOTEL ES PLA**
Crta. San Antonio
Teléfono 34 09 01
SAN ANTONIO ABAD

Situado a la entrada de San Antonio, en el centro turístico del pueblo.

Habitaciones: Todas con cuarto de baño, teléfono, etc.

Servicios: Bar, piscina, salón con TV, etc.

B Ordering food and stating preferences

Dialogue

1 Angela and José arrive at the Restaurante El Faro.

José	Buenas noches. Tenemos una mesa reservada.
Camarero	¿A nombre de quién?
José	De Angela Rodríguez.
Camarero	Sí, su mesa es ésa, señor. La que está junto a la ventana. (*They sit down and the waiter hands them the menu*) Aquí tienen la carta.

José	Gracias.
Camarero	(*Returns to their table*) ¿Qué van a tomar?
Angela	Para mí espinacas con bechamel.
José	Yo quiero sopa de picadillo.
Camarero	¿Y de segundo?
Angela	¿Tienen pescado?
Camarero	Sí, tenemos lenguado y merluza.
Angela	Prefiero lenguado.
Camarero	¿Cómo lo quiere? ¿Frito, a la plancha ...?
Angela	Lo prefiero a la plancha.
Camarero	¿Algo más?
Angela	Sí, una ensalada mixta.
Camarero	¿Y para usted señor?
José	Para mí solomillo de cerdo con guarnición de verduras.
Camarero	¿Qué van a beber?
José	Una botella de vino.
Camarero	¿Prefieren blanco o tinto?
José	Un Rioja blanco.
Camarero	De acuerdo.

2 Angela and José order dessert and coffee.

José	¿Qué hay de postre?
Camarero	Tenemos flan, helados y fruta...
Angela	Yo quiero un helado de chocolate.
José	Y para mí un flan.
Camarero	¿Van a tomar café?
Angela	Yo sí.
José	Yo también.
Camarero	Bien, un momento, por favor.

Practice

1 Study this menu, then get together with one or more students and make up conversations similar to the one on the previous page.

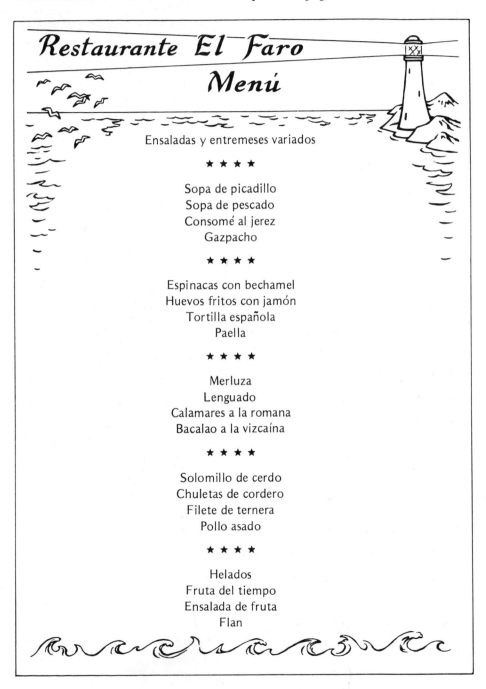

Restaurante El Faro
Menú

Ensaladas y entremeses variados

★ ★ ★ ★

Sopa de picadillo
Sopa de pescado
Consomé al jerez
Gazpacho

★ ★ ★ ★

Espinacas con bechamel
Huevos fritos con jamón
Tortilla española
Paella

★ ★ ★ ★

Merluza
Lenguado
Calamares a la romana
Bacalao a la vizcaína

★ ★ ★ ★

Solomillo de cerdo
Chuletas de cordero
Filete de ternera
Pollo asado

★ ★ ★ ★

Helados
Fruta del tiempo
Ensalada de fruta
Flan

2 Study this dialogue between a waiter and a couple in a café:

Camarero	¿Qué desean tomar?
Ella	Yo quiero un té con limón.
Él	Para mí un café.
Camarero	¿Solo o con leche?
Él	Café solo.
Camarero	¿Van a comer algo?
Él	Sí, un bocadillo de jamón.
Ella	Tarta de manzana para mí.

Now get together with one or more students and make up similar conversations using words from the list below.

CAFÉ EL FAROL

Bocadillos   **Raciones**
Queso   Pescado frito
Pollo   Calamares fritos
Jamón York   Boquerones
Jamón serrano   Tortilla española
Salchichón   Champiñones

Café, Chocolate y Churros

MAÑANA Y TARDE

---

3 Complete the conversations below using the correct pronoun: *lo, la, los, las,* according to the number (singular or plural) and gender (masculine or feminine) of the word to which it refers.

(*a*) **A** Quiero un bistec.
        B ¿Cómo .... quiere?
        A .... prefiero a la plancha.

(*b*) **A** Para mí patatas.
        B ¿Cómo .... quiere?
        A .... prefiero fritas.

(*c*) **A** Yo quiero pescado de segundo.
        B ¿ .... prefiere frito o a la plancha?
        A .... prefiero frito.

(d) **A** Quiero pollo.
   B ¿.................... prefiere asado o guisado?
   A .... prefiero asado.

(e) **A** Para mí un agua mineral.
   B ¿.................... quiere con gas o sin gas?
   A .... prefiero sin gas.

4 You are on business in a Spanish-speaking country with an English speaking-colleague. Your colleague, who doesn't know any Spanish, has seen the following advertisement for a restaurant and would like to know a bit about it, as you are planning to go out for a meal tonight. Study the key words before you read the advertisement, then answer your colleague's questions.

Useful words and phrases

comida (*f*) food
mariscos (*m pl*) seafood
en pleno centro right in the centre
abierto open
las 3.00 de la madrugada 3.00 in the morning
ahora mismo right now

RESTAURANTE LAS RAMBLAS

Calle La Fuente, 53
Teléfono 315 2349

Un restaurante con exquisita comida española, famoso por su deliciosa paella, sus pescados y mariscos.

Situado en pleno centro de la ciudad, a sólo cinco minutos de la Plaza Mayor.

Abierto todos los días hasta las 3.00 de la madrugada

¡Haga su reserva por teléfono ahora mismo!

(a) What sort of food do they serve?
(b) Where is it?
(c) Is it far from the Plaza Mayor? (*Your hotel is there.*)
(d) What time do they close?
(e) Can we book a table?

Listening comprehension

Listen to these extracts from conversations and announcements and decide where
each takes place. Choose the correct reply (*a*), (*b*) or (*c*).

1 (*a*) En un restaurante
   (*b*) En un bar
   (*c*) En un hotel

2 (*a*) En una estación de ferrocarril
   (*b*) En una agencia de viajes
   (*c*) En un aeropuerto

3 (*a*) En un avión
   (*b*) En un café
   (*c*) En un supermercado

4 (*a*) En un aeropuerto
   (*b*) En una parada de autobús
   (*c*) En una oficina de turismo

5 (*a*) En Correos
   (*b*) En una oficina de información y turismo
   (*c*) En un banco

Reading comprehension

A la hora de comer

Las regiones españolas presentan grandes diferencias a la hora de elaborar la dieta.
En general, en Andalucía se come mucho pescado y frutas. En el norte, se come
mucha carne, pescado, legumbres, leche y azúcar. En Cataluña y Levante se come
mucho arroz, además de pollo y fruta en abundancia. En Castilla y Aragón se
consume mucha carne y huevos.

En general, el español dedica más tiempo a la comida y consume mayor cantidad de
alimentos que los europeos del norte. La comida principal es el almuerzo, que
normalmente se toma entre la 1.00 y las 3.00. La cena, entre las 8.30 y las 10.00, es
más ligera.

Durante la semana, mucha gente que trabaja come en restaurantes que ofrecen el
menú del día, que resulta mucho más económico que comer *a la carta*. El *menú del
día* generalmente consiste en una sopa o ensalada, un plato principal, que
generalmente lleva carne o pescado, vino, cerveza o una gaseosa, y postre. Como en
otras partes de Europa, en las grandes ciudades de España también hay muchos
establecimientos de comida rápida, al estilo americano, donde se consume
principalmente hamburguesas y patatas fritas. Este tipo de restaurante es ahora muy
popular, especialmente entre la gente joven.

Answer in English

(a) What does the text say about the type of food eaten in different parts of Spain?
(b) What comparison is made between Spaniards and northern Europeans with regard to eating habits?
(c) Where do many people eat during the week?
(d) What does *el menú del día* usually consist of?
(e) What sort of restaurants can now be found in large Spanish cities?

Summary

A   Requesting a service

(i) Orally:
Quiero reservar una mesa para esta noche.
I want to book a table for tonight.

(ii) In writing:
Les ruego reservarme una habitación doble.
Please reserve a double room.

B   Asking people to specify their requirements

(i) Hotel:
¿Quiere una habitación individual o doble?
Do you want a single or double?

(ii) Food:
¿Qué van a tomar?	*What will you have?*
Yo quiero pescado.	*I want fish.*
Para mí espinacas con bechamel.	*Spinach in white sauce for me.*

(iii) Food preparation:
¿Como lo quiere? (el pescado)	*How do you want it done? (the fish)*
Lo quiero a la plancha.	*I want it grilled.*

(iv) Drink:
¿Qué van a beber?	*What will you have to drink?*
(Quiero) una botella de vino.	*(I want) a bottle of wine.*

C   Asking and answering questions about preferences

¿Prefiere vino blanco o tinto?	*Do you prefer white or red wine?*
Prefiero vino blanco.	*I prefer white (wine).*

Grammar

1 Radical changing verbs

Certain verbs, like **querer** (*to want*) or **preferir** (*to prefer*), change the **e** of the stem into **ie** in the present tense, except in the first and second person plural.

a) **e > ie**

querer		
quie ro		
quie res		
quie re	**Quiero** una habitación	*I want a room.*
queremos		
queréis	**Quiere** pescado a la plancha.	*He/She wants grilled fish.*
quie ren	**Queremos** reservar una mesa.	*We want to book a table.*

preferir		
pref**ie**ro		
pref**ie**res	**Prefiero** vino blanco/tinto.	*I prefer white/red wine.*
pref**ie**re		
preferimos	**Prefiere** espinacas.	*He/She prefers spinach.*
preferís		
pref**ie**ren	**Prefieren** comer pescado.	*They prefer to eat fish.*

b) **o > ue**

A few verbs, for example **rogar** (*to ask, request*) change the **o** of the stem into **ue** in the present tense. Again, the first and second person plural do not change.

rogar		
r**ue**go	Les **ruego** reservar una habitación.	*Please book a room. (Lit: I ask you to book a room.)*
r**ue**gas		
r**ue**ga	Les **ruega** enviar información.	*He/She asks them to send information.*
rogamos	Les **rogamos** mandar la lista de precios.	*Please send the price list. (Lit: We ask you ...)*
rogáis		
r**ue**gan		

(See also pages 123, 134-5 and 148.)

2 Direct object pronouns

Pronouns (see pages 167-8) simply stand in for nouns. In Spanish the pronoun has to be masculine or feminine, singular or plural, according to the noun it replaces – then you are in no doubt as to which one it is.

Singular	**Plural**
me (*me*)	**nos** (*us*)
te (*you*)	**os** (*you*)
le (*you, him, her*)	**les** (*you, them*)
lo (*him, it*)	**los** (*you, them*)
la (*her, it*)	**las** (*you, them*)

¿Cómo quiere el pescado?	*How do you want the fish done?*
¿Como **lo** quiere?	*How do you want it done?*
¿Cómo quiere las espinacas?	*How do you want the spinach done?*
¿Como **las** quiere?	*How do you want them done?*

Miro el menú.	*I'm looking at the menu.*
Lo miro.	*I'm looking at it.*
Miro al camarero.	*I'm looking at the waiter.*
Le miro.	*I'm looking at him.*
Miro a la camarera.	*I'm looking at the waitress.*
La miro.	*I'm looking at her.*

Me invitan a cenar.	*They are inviting me to have dinner.*
Nos invitan a cenar.	*They are inviting us to have dinner.*

3 Para

(See also pages 50, 80, 148, 169 and 170.)

Una mesa **para** dos.	*A table for two.*
Una reserva **para** esta noche.	*A reservation for tonight.*
Para las 9.30.	*For 9.30.*
Una habitación **para** una semana.	*A room for a week.*

Consolidación 2

(Unidades 5–8)

1 Translation

A friend of yours has seen a car advert in a Spanish magazine and wants to check some of the specifications on this particular model. Can you help?

Motor: 1.995 c.c.
Potencia: 122 CV DIN
a 5.500 r.p.m.
Encendido electrónico.
Inyección electrónica.
5 Velocidades.
Velocidad máxima 180 Km/h.
Longitud: 4.335 mm.
Anchura: 1.706 mm.

EQUIPO: Aire acondicionado.
Cristales atérmicos. Dirección asistida. Check Control.
Volante regulable. Alzacristales eléctrico. Reloj Digital.
Cinturones automáticos.
Cristales atérmicos y luna térmica. Apoyacabezas delanteros y traseros.

2 Oral summary

Compare the data in the ad with this checklist of features. What is covered?

- aire acondicionado
- alzacristales eléctrico
- apoyacabezas delanteros y traseros
- reloj digital
- dirección asistida
- cinturones automáticos

3 Oral

You happen to know a Spaniard in the motor trade. Check what items are likely to be included in different models according to the specification. Use the following patterns to find out more about the cars:

¿Tiene aire acondicionado?
El modelo XX sí, pero el modelo YY no.

¿Viene con dirección asistida?
Todos estos modelos vienen con dirección asistida.

¿Hay cinturones automáticos?
Pero ¿por qué los quiere?

4 Written summary

One of your colleagues has just returned from a visit abroad and has asked you to send him a summary in English of this advertisement which he found in the in-flight magazine.

Report from Spain

Report from Spain es una síntesis semanal de todas las noticias que se han producido en España. Comprende esta síntesis una selección de noticias políticas y económicas acompañadas siempre del correspondiente background, de manera que resulten comprensibles. En total, se trata de las 15 ó 20 informaciones más importantes que se han producido durante la semana y que permiten tener una visión rápida del momento que vive España, a cualquier persona que, en principio, desconozca los entresijos de la realidad del país. Para redactar este boletín, al que puede suscribirse cualquier hombre de empresa que lo desee, se ha elegido el inglés por ser el idioma más generalizado entre todos los empresarios extranjeros en España. ■

5 At-sight translation

You are looking for a job in Spain and have been looking through the job advertisements. You have discussed working abroad with one of your colleagues and she asks you about what they offer. Can you translate for her?

Ingeniero Telecomunicación, para Director Comercial, productos electrónicos, jornada continuada. Tel. 255 80 00 (M-1746226).
Mecanógrafo/a, para inglés, jornada intensiva. Tel. 255 80 00 (M-1745601).
Azafatas y ejecutivos comerciales. General Moscardó, 3, 2º D.

ENCARGADO TIENDA CONFECCION DE SRA. DE 600 M. Imprescindible experiencia en el ramo
Edad de 25–30 años, sueldo a partir de 3.500.000 Ptas. Interesados, llamar al Tel. 445 77 13 - 14.
Preguntar por el Sr. De Diego, de 8 a 14.30 horas.

EMPRESA INTERNACIONAL HOTELERA
PRECISA
SECRETARIA DE DIRECCION BILINGÜE
Español-Inglés

SE REQUIERE:
– Experiencia probada en puesto similar.
  Dominio hablado y escrito del idioma Inglés.

SE OFRECE:
– Jornada continuada de 5 días y 40 horas semanales.
– Remuneración interesante a convenir.
– Integración en equipo agradable de trabajo.
– Incorporación inmediata.

Candidatas altamente cualificadas, enviar "curriculum vitae" escrito a mano con fotografía reciente a:

HOTELES MELIA INTERNACIONAL
División Ejecutiva de Operaciones. Princesa, 25. MADRID-8
Ref. M-1.741.696

IMPORTANTE EMPRESA INTERNACIONAL NECESITA

INGENIERO INDUSTRIAL
o licenciado en Ciencias Químicas

Se requiere:
– Experiencia mínima de dos años en procesos de refinería o petroquímica.
– Responsabilizarse por la venta de productos químicos en esos sectores.
– Indispensable dominio inglés, hablado y escrito.
– Edad: 26-32 años.

Se ofrece:
– Remuneración a convenir según valía y experiencia del candidato.
– Coche de la empresa.
– Excelente oportunidad para el desarrollo de toda su capacidad profesional.

Las personas interesadas deberán enviar historial detallado con foto reciente, además de la carta de presentación, escrita en inglés, a:

T.M.B. Secretarial Services
Magallanes, 15. Madrid-15
(Ref. Ingeniero Industrial)

6 Oral comprehension

You have a summer job at a travel agency in Barcelona. A customer comes in with an enquiry about bus travel to Marseilles. Look at this chart and answer his/her questions:

ATCAR(RENFE)JULIA–INTERBUS BARCELONA - MARSELLA		
SERVICIO DIARIO (excepto domingos) TODO EL AÑO		
08'30	BARCELONA	—Pl. Universidad, 12 ↑ 17'15
09'45	GERONA	—Estación RENFE 16'00
10'15	FIGUERAS	—Ramblas C. Continental 15'30
13'45	BEZIERS	—23, boulevard de Verdun 12'00
14'15	SETE	—13, quai de la République 11'30
14'45	MONTPELLIER	—Estación Auto-buses 11'00
15'30	NIMES	—3, square de la Couronne 10'15
16'00	ARLES	—22, B. Georges Clemenceau 09'45
16'35	SALON	—39, Cours Carnot 09'10
17'00	AIX EN PROVENCE	—Estación Auto-buses 08'45
17'15	MARSELLA	—45, allées Léon Gambetta 08'30

	BARCELONA PESETAS	
	IDA	**IDA Y VUELTA**
BEZIERS	3.680	6.020
MONTPELLIER	3.780	6.200
NIMES	3.890	6.400
BEAUCAIRE	3.920	6.460
TARASCON	3.940	6.490
ST. REMY	3.980	6.560
PLAN D'ORGON	4.060	7.700
CAVAILLON	4.100	7.780
AIX EN PROVENCE	4.130	7.830
MARSELLA	4.170	7.900

(a) ¿Qué días hay autocar a Marsella?
(b) ¿A qué hora sale de Barcelona?
(c) ¿Y a qué hora llega a Marsella?
(d) Un amigo mío quiere tomar el autocar en Figueras. ¿A qué hora pasa por allí?
(e) ¿Cuánto vale el billete de ida?
(f) ¿Y de ida y vuelta?

7 Oral comprehension

You have been invited to a wedding in Spain. A local department store is arranging the present list. Look through and complete your part of the conversation with the assistant.

Dependienta   ¿Qué desea?

Usted   (*Say you want to buy a wedding present* (un regalo de bodas) *for a friend. They are organizing the list – Sánchez and Rodríguez.*)

Dependienta   Usted tiene la lista ya, ¿no? ¿Quiere algo en especial?

Cocina

Armarios	Juego de botes
Sillas	Especiero
Mesa	Tabla para quesos
Escalera	Tabla para paños
Tabla de plancha	Tabla para apuntes
Frigorífico	Mortero
Lavadora	Abrebotellas
Lavavajillas	Fuentes para horno
Batería de cocina	Juego de cuchillos
Juego de sartenes	Fondues
Bandejas	Pinchos para fondue
Fruteros	Sifón
Entremeseras	Juego de cazos
Cortafiambres	Mantequera

Usted	(*Say what you want and add that you think it is very practical.*)
Dependienta	Tiene usted razón. Es un muy buen regalo.
Usted	(*How much is it?*)
Dependienta	(*Gives you the price.*) Es bastante económico.
Usted	(*Yes, that's fine. You want to buy it.*)
Dependienta	Podemos enviárselo si usted quiere.
Usted	(*That's a good idea.*)
Dependienta	¿Adónde quiere?
Usted	(*To your hotel. Give the address.*)
Dependienta	¿Cuál es el número de su habitación?
Usted	(*115.*)
Dependienta	Perfectamente. Esta misma mañana se lo enviamos. Aquí tiene usted su factura. Pase por caja por favor.

8 Oral

You are looking for a leaving present (*un regalo de despedida*) for a colleague. Explain to the sales assistant that you want something practical and not too expensive. Ask about such matters as cost, quality and guarantees. (Use the wedding list on page 108 for inspiration.)

9 A telephone conversation

You decide to invite some colleagues out to dinner while on a visit to Spain. Phone the Restaurante La Gamba and make a booking for five people for 9.30 (not too early in Spain!).

You have a vacation job at the Restaurante La Gamba and someone with a very good Spanish accent calls to make the above booking. Check how many people and the time, then ask their name. (Then ask whether they speak English ...)

10 More telephone conversations

You receive the following note on your desk:

To: **K. POWELL**   Date: **20 May 1995**
From: **D. TURNER — Sales Manager**   Ref:

I am travelling to Madrid for a week on Wednesday, 24th. Could you phone the Hotel Los Ingleses for me (tel. 602 63 04), and book a double room, as my wife will be coming with me. I also want to hire a SEAT Ibiza for the period. 'Autos Martínez' have been very helpful in the past. Their No. is 532 98 07. Tell them I can pick the car up at the airport.

Thank you

(*a*) Follow up on the memo and make the bookings for the room and the car.
(*b*) Now act as the recipient of calls for hotel bookings:
24th for a week; double room with a balcony; client will be arriving after 10pm. Name of Martínez.
17th for 2 nights; single room with shower. Name of Rojas.
15th for 3 nights; two singles and a double. Singles with shower; double with bath. One single interior, one exterior. Double should have a view of the sea. Name of Rivera.
(*c*) And what about these car hire reservations:

Península

VIGOR: 15 DICIEMBRE 1994

						CODIGO C.R.S.	2 DIAS	3 DIAS	4 DIAS	5 DIAS
A	Opel Corsa Swing / Renault Clio	3P / 3P				MBMN / MBMN	5.830	8.750	10.740	12.550
B	Renault Clio RL 1.2 / Seat Ibiza CLX / Seat Ibiza CLX	5P / 3P / 5P				ECMN / ECMN / ECMN	7.000	10.500	12.890	15.060
C	Renault 19 RL 1.4	5P		☐		CCMR	8.170	12.250	15.040	17.570
D	Renault 19 RT 1.8 / Rover 414 GSI	4P Aircon / 4P		☐		ICMR / ICMR	9.330	14.000	17.190	20.080
E	Renault 19 RT 1.8 / Rover 416 GSI	4P / 4P	☐	☐		IDAR / IDAR	12.670	19.000	23.330	27.250
F	Rover 416 GSI / Seat Toledo Class 1.8	5P / 5P		☐		IDMR / IDMR	12.670	19.000	23.330	27.250
G	Renault Laguna RT 2.0 / Rover 620 i			☐		SDMR / SDMR	16.670	25.000	30.700	35.860
I	Renault 21 GTX / Rover 620 Si		☐	☐		SDAR / SDAR	17.500	26.250	32.240	37.650
EJECUTIVO										
J	Renault Safrane RNSI / Rover 820 SI / Saab 9000 CSI			☐☐ / ☐☐		PDMR / PDMR / PDMR	18.000	27.000	33.160	38.730
K	Renault Safrane Bacc. V6 / Rover 827 SI		☐	☐☐ / ☐☐		LCAR / LCAR	26.670	40.000	49.130	57.380

Condiciones Generales

- La tarifa **incluye** kilometraje ilimitado.
- La tarifa **no incluye:** CDW (Cobertura por daños al vehículo), TP (Cobertura por robo del vehículo), PAI, Super PAI, IVA ni Gasolina.
- Los alquileres de 2 días deberán comenzar siempre en Viernes.
- El coche deberá devolverse en la misma ciudad donde se recogió.
- El cliente deberá estar en posesión de su permiso de conducción, al menos con un año de antigüedad y haber cumplido los 23 años.
- Precios sujetos a cambio sin previo aviso.

11 Some follow-up enquiries

One person should make the enquiry, another the response.

(*a*) A colleague is going to Spain on holiday and is rather worried that the hotel
has got his details wrong. Can you call them and double check:
Hotel Las Bugambilias, Málaga arriving 15th, departing 16th at 7.00 a.m.
Your friend wants to take the train for Seville, which departs at 07.30. Is
the station nearby?
(*All well. Taxi to the station takes ten minutes.*)

(*b*) Another colleague has been assured that the partner company in Madrid
has the tickets for the flight she is due to get to Seville the day after
tomorrow.
Can you please ring the office, ask for Marilú and see if she has the ticket
for Dr Parker. What time is the flight and how long before is check-in?
(*Marilú is not there, but the person who answers has the details. Yes, they have
the ticket, the flight is at 19.15 and check-in for internal flights is at least
thirty minutes before departure. The company car is available to take Dr
Parker to the airport at 6.00 p.m. and can collect the luggage from her hotel
beforehand.*)

Sevilla

Unidad 9

¿Dónde se puede cambiar dinero?

What you will learn in this unit
- To say where something can be done
- To say whether something can be done
- To request information about prices and services
- To ask and state how much something costs
- To say whether you like or dislike something

A Asking and saying where and whether something can be done

Dialogue

1 Martin Smith asks the receptionist at his hotel where he can change some money.

Sr. Smith	¿Dónde se puede cambiar dinero?
Recepcionista	En la esquina hay un banco. Allí puede cambiar.
Sr. Smith	¿Tiene usted sellos?
Recepcionista	No, aquí no tenemos, pero puede comprarlos en Correos que está al lado del banco.
Sr. Smith	Gracias.

112

2 At the bank

Sr. Smith	Quiero cambiar doscientas libras en pesetas.
Empleado	Sí, cómo no.
Sr. Smith	¿A cómo está el cambio?
Empleado	¿Tiene cheques o billetes?
Sr. Smith	Cheques.
Empleado	Está a ciento noventa y dos pesetas por libra. Me da su pasaporte, por favor. (*Sr. Smith hands in his passport.*) ¿Cuál es su dirección aquí en Madrid?
Sr. Smith	Estoy en el Hotel Victoria, en la calle Mayor, 48.
Empleado	¿Quiere firmar aquí, por favor? (*Sr. Smith signs the form.*) Bien. Puede pasar por caja.
Sr. Smith	Gracias.

Practice

1 Get together with another student and make up a conversation based on this situation.

Student A
You are leaving Spain after a business trip. You need to get some pesetas to get to the airport and buy a couple of presents to take home. At a bank near your hotel you tell the cashier that you want to change £50 into pesetas. Ask what the rate of exchange is – you have banknotes.

Student B
You are a bank employee. A customer comes in to change some money and asks about the rate of exchange. Ask him whether he's got cheques or bank notes, and give him the rate accordingly. Ask to see his identity card (*su carnet de identidad*) or his passport, and get his address. Finally, ask him to sign the receipt and to go to till number five.

2 Ask and answer like this (find the answers by studying the photographs below):

Pregunta: ¿Dónde se puede cambiar dinero?

Respuesta: En el banco se puede cambiar dinero.

Continue:

(*a*) ¿Dónde se puede comprar pan?
(*b*) ¿Dónde se puede comprar aspirinas?

(*c*) ¿Dónde se puede aparcar?
(*d*) ¿Dónde se puede reparar este reloj?

3 You will be travelling by car in Spain and you need to understand the meanings of certain road signs. Match each sentence which follows with the corresponding sign.

(*a*) No se puede conducir a más de cien kilómetros por hora.

(*b*) Aquí se puede estacionar hasta una hora.

(*c*) Aquí no se puede estacionar entre las ocho de la mañana y las nueve de la noche.

(*d*) No se puede doblar a la derecha.

(*e*) Aquí no se puede estacionar.

(*f*) No se puede seguir de frente.

4 At-sight translation

A colleague of yours has received the following letter from Spain and she has asked you to translate it for her.

HOTEL DON JUAN

Benidorm, 25 de junio de 19 . .

Sra. Alison Miles
Park House
25 Park Way
Londres W1
Inglaterra

Estimada Sra. Miles:

    Sentimos informarle que no podemos hacer la reserva que usted solicita para el 18 de julio, debido a que nuestro hotel se encuentra completo en esa fecha. Si usted lo desea podemos reservarle una habitación similar para el 5 de agosto.

    Le ruego confirmarnos si esta segunda fecha le parece satisfactoria.

    En espera de sus gratas noticias le saludamos muy atentamente.

Julio Bravo

Administración

Note the use of expressions like:

sentimos informarle que ...   *we regret to inform you that ...*
solicitar   *to request*
debido a   *due to*
se encuentra (completo)   *it is (full)*
en espera de sus gratas noticias   *we look forward to hearing from you*

B Requesting information and a service/Shopping

Dialogue

1 At the Post Office

Sr. Smith	¿Puede decirme cuánto cuesta enviar una postal a Inglaterra?
Empleado	Cincuenta pesetas.
Sr. Smith	Me da cinco sellos de cincuenta pesetas.
Empleado	Son doscientas cincuenta pesetas. (*Sr. Smith hands in three hundred pesetas and the employee gives him the change:* la vuelta.) Gracias.
Sr. Smith	También quiero mandar una carta certificada a los Estados Unidos.
Empleado	Bien, pero primero tiene que rellenar este formulario.
Sr. Smith	Gracias.

CORREOS Envío CERTIFICADO núm . . . .

Recibo para el remitente

DESTINATARIO *John M. Garrow* . . . . .
        Calle *Michigan Avenue* n.º . . . .
        en *Chicago . IL . Estados Unidos.*

Clase del objeto (táchese lo que no proceda): **Cartas,** ~~impresos,~~
~~pequeños paquetes,~~ etc.

Firma del empleado.

Luisa Pérez

Sello de fechas

(Léase al reverso)

PRECIO 1,00 Pta.

2 In a hotel room

Camarera	(*Knocking on the door*) ¿Se puede?
Sr. Smith	Sí, pase.
Camarera	¿Qué desea?

Sr. Smith	¿Me pueden lavar esta ropa para mañana?
Camarera	Sí, ¿qué hay?
Sr. Smith	Cuatro camisas, calcetines y ropa interior.
Camarera	Se la traigo mañana a las ocho de la mañana.
Sr. Smith	Perfectamente. Muchas gracias.

3 In a shop, buying a briefcase

Sr. Smith	Buenos días.
Dependienta	Buenos días. Dígame.
Sr. Smith	¿Cuánto vale esa cartera?
Dependienta	¿Cuál? ¿La negra?
Sr. Smith	Sí, la negra.
Dependienta	Ésta cuesta treinta mil pesetas.
Sr. Smith	Es un poco cara. ¿No tiene otra más barata?
Dependienta	Pues, también tenemos ésta, que vale veintiocho mil. Es muy bonita.
Sr. Smith	No, ésa no me gusta mucho. ¿No tiene otra?
Dependienta	Bueno, ésta marrón la tenemos en oferta. Cuesta sólo veinticinco mil. ¿Le gusta?
Sr. Smith	Sí, ésa me gusta. Me la quedo. ¿Puedo pagar con tarjeta de crédito?
Dependienta	Sí, por supuesto.

Practice

1 How would you express the following in Spanish?

(a) How much does it cost to send a letter (*una carta*) to the United States?
(b) Give me three eighty-peseta stamps.
(c) I want to send a registered letter to England.
(d) Can I pay by cheque?

2 Find the correct question. What would you say if you wanted to: open a current account; send a giro; make an international phone call; obtain a credit card?

(a) ¿Puede decirme dónde se puede enviar un giro postal?
(b) ¿Puede decirme qué hay que hacer para solicitar una tarjeta de crédito?
(c) ¿Puede decirme qué tengo que hacer para abrir una cuenta corriente?
(d) ¿Puede decirme dónde se puede hacer una llamada internacional?

3 You are on a business trip in Mexico and need your laundry done at the hotel. Get together with another student and practise Dialogue 2 on the previous page using this list of clothing:

HOTEL Genova
Av. Juárez No. 123
Guadalajara, Jal.

LISTA DE LAVANDERIA
LAUNDRY LIST

Nombre _____ Fecha _____ 19 ____
Name   Date

Cuarto _____ Camarista _____
Room   Valet

Número de piezas Number of articles		TARIFA RATE	TOTAL	
	VESTIDO NORMAL Dress	$10.00		
	TRAJE Suit	10.00		
	PANTALONES Trousers	6.40		
	SACO Coat	6.40		
	FALDA Skirt	6.40		
	CAMISA Shirt	6.00		
	BLUSA Blouse	6.00		
	PLAYERA Sports Shirt	6.00		
	CAMISETA Vest	2.00		
	CALZONCILLOS Underpants	2.00		
	CALCETINES Socks	2.00		
	PIJAMA Pyjamas	6.00		
	PAÑUELO Handkerchief	2.00		
	CAMISON Nightdress	2.00		
	FONDO Underskirt	6.00		

This laundry list comes from a Mexican hotel and it includes certain words which are used in Mexico but not in Spain, e.g. *la camarista* for *la camarera*, *el saco* for *la chaqueta*, *la playera* for *la camisa (de) sport*, *el fondo* for *la enagua* (or *enaguas*).

4 You've been on business in a Spanish-speaking country and before you leave you go into a shop to buy a leather belt you've seen in the shop window. Study the words and phrases below and then complete this conversation with the shop-assistant by following the guidelines in English.

> **el cinturón que está en...** the belt (which is) in ...
> **el escaparate** the shop window
> **el negro/marrón** the black/brown one

Usted	(*Greet the shop assistant.*)
Dependiente	Buenos días.
Usted	(*Ask how much the belt in the shop window costs.*)
Dependiente	¿Cuál?
Usted	(*The brown one.*)
Dependiente	Ése cuesta tres mil pesetas.
Usted	(*Say you like it, but it is a little expensive. Ask if he has a cheaper one.*)
Dependiente	Bueno sí, tenemos éste que está en oferta. Vale dos mil pesetas. Es un cinturón muy elegante y muy bonito. ¿Le gusta?
Usted	(*Say yes, you like it.*)
Dependiente	¿Lo prefiere en negro o en marrón?
Usted	(*Say you don't like the black one, you prefer the brown one.*)
Dependiente	Muy bien.
Usted	(*Ask if you can pay by cheque.*)
Dependiente	Sí, por supuesto.

5 A telephone conversation

Get together with another student and make up a telephone conversation along these lines making use of the words and phrases overleaf.

Student A: You ring "Textiles La Catalana" in Barcelona and ask whether you can speak to the manager. His secretary answers the phone and tells you that he is not available. Ask her to tell you at what time he will be back (*regresar*). She gives you the information. Thank her and say good-bye.

Student B: You are a secretary at "Textiles Catalana". A customer telephones from abroad and asks to speak to the manager. He is not at the office and will not be back until 2 p.m.

Useful words and phrases

> **¿Puedo hablar con...?** May I speak to ...
> **¿A qué hora...?** At what time ...?
> **No está.** He is not in.
> **No regresa hasta...** He won't be back till ...

Listening comprehension

1 You have been asked to take part in a series of informal interviews with foreign
tourists to find out what they think about London. Here is a recording of an
interview with a Mexican tourist. Listen to it and then summarize the main
points in English.

2 You are working for a company which does business with Spanish-speaking
countries. When you arrive at the office this morning you find three messages
in Spanish on the answering machine. Take note of these messages in English as
you have to pass them on to your boss.

Reading comprehension

Correos

Como en otros países europeos, Correos en España ofrece a los usuarios una gran
variedad de servicios. Aparte del envío de cartas, tarjetas postales, paquetes y la
compra de sellos (estampillas en Latinoamérica), existen servicios tales como la lista
de correos (*poste restante*), envío de correspondencia certificada y/o asegurada, envío
de giros, servicio de telegramas, de telefax, etc. En España, los sellos se pueden
comprar también en los estancos (*tobacconist's*).

Monedas y billetes

La unidad monetaria de España es **la peseta**. Hay monedas de 1, 5, 10, 25, 50, 100, 200 y 500 pesetas, y billetes de 1000, 2000, 5000 y 10.000 pesetas.

En Latinoamérica existen distintas unidades monetarias. En Argentina, Bolivia, Chile, Colombia, Cuba, México, República Dominicana, Uruguay, se utiliza **el peso**; en Ecuador, **el sucre**; en Paraguay, **el guaraní**; en Perú, **el sol**; en Venezuela, **el bolívar**; en Costa Rica y El Salvador, **el colón**; en Nicaragua, **el córdoba**; en Guatemala, **el quetzal**; en Honduras, **la lempira**; en Panamá, **el balboa**; en Puerto Rico, **el dólar**.

En España se utiliza la palabra **el dinero**, pero muchos latinoamericanos prefieren el término **la plata** (literally, *silver*), por ejemplo: **No tengo dinero/plata** (*I have no money*).

Teléfonos públicos

Para hacer una llamada telefónica en España – urbana, interurbana o internacional– se puede utilizar una cabina telefónica, donde los teléfonos operan con monedas o tarjetas, o se puede ir directamente a una oficina de la Compañía Telefónica y pedir la llamada a través de la telefonista. Para hacer una llamada internacional directamente desde un teléfono público o privado, es necesario marcar primero el número 07, luego hay que esperar otro tono y marcar el número correspondiente al país (para el Reino Unido es el 44). Después se marca el número de la ciudad (para Londres es el 171 o el 181) y el número de la persona con la que se quiere hablar. En las principales ciudades de América Latina, también existen teléfonos públicos que operan con monedas, pero en algunos países se usan fichas de teléfono (*tokens*) en lugar de monedas. Las fichas se pueden comprar en los quioscos de periódicos.

1 Answer in English:

(*a*) What services does a Spanish post office offer its users?
(*b*) Where else, apart from a post office, can you buy stamps in Spain?
(*c*) What word is used in Spain for *stamp*? And in Latin America?

2 Translation

Translate into English the passage **Teléfonos públicos**.

Summary

A Asking and saying where something can be done

¿Dónde se puede cambiar dinero?	*Where can you change money?*
Allí (en el banco etc.) puede cambiar.	*You can change it over there (in the bank etc.).*

B Asking and saying whether something can be done

¿Se puede doblar a la derecha aquí?	*Can you turn right here?*
No se puede doblar a la derecha./ No, aquí no se puede.	*No you can't.*

C Requesting information

¿Puede decirme cuánto cuesta enviar una postal a Inglaterra?
Can you tell me how much it costs to send a card to England?

Cincuenta pesetas.
Fifty pesetas.

D Requesting a service

¿Me pueden lavar esta ropa para mañana?	*Can you wash these clothes for tomorrow?*
Sí, ¿qué hay?	*Yes, what is there?*

E Asking and saying how much something costs

¿Cuánto cuesta/vale?	*How much does it cost?*
Cuesta/vale 30.000 pesetas.	*It costs 30 000 pesetas.*

F Talking about likes and dislikes

¿Le gusta?	*Do you like it?*
(No) me gusta.	*I do (don't) like it.*

Grammar

1 Poder (radical changing verb) o > ue

poder	can, to be able to	
puedo puedes puede podemos podéis pueden	**Puede** cambiar dinero en el banco. **Podemos** comprar sellos en Correos. **Podéis** doblar a la derecha.	You can change money in the bank. We can buy stamps at the Post Office. You can turn right.

Costar (*to cost*) is another example of a verb which changes **o** to **ue.**

Esta cartera **cue**sta 30.000 pesetas.   *This wallet costs 30 000 pesetas.*
Estas carteras **cue**stan 30.000 pesetas.   *These wallets cost 30 000 pesetas.*
(See also pages 104 and 135.)

2 Se (impersonal)

(No)	**se** puede	estacionar aquí. doblar a la derecha.	You can/can't park here. You can /can't turn right here.

3 Se (passive)

En muchos países **se** usan fichas de teléfono.
In many countries telephone tokens are used.

Las fichas **se** pueden comprar en los quioscos.
Tokens can be bought in the kiosks.

4 Impersonal use of the 3rd person plural

¿Me **pueden**	lavar esta ropa?	Can you wash these clothes for me?
¿Me **pueden**	reservar una habitación?	Can you reserve a room for me?

5 Present tense indicative used in requests

Me **da** su pasaporte, por favor.   *Your passport, please.*
¿**Quiere** firmar aquí?   *Could you sign here please?*
Puede pasar por caja.   *Would you go to the cash desk?*

6 Traer (present tense indicative)

traer	to bring	
traigo	(Yo) le **traigo** las camisas mañana.	*I'll bring you the shirts tomorrow.*
traes		
trae	La camarera le **trae** la ropa a las ocho.	*The chambermaid will bring you the clothes at eight.*
traemos traéis traen		

7 Más + adjective

	más barato?	*Have you got anything cheaper?*
¿Tiene otro	más pequeño?	*Have you got anything smaller?*
	más largo?	*Have you got anything longer?*

8 Gustar

At first sight, **gustar** is an odd verb, meaning literally *to please*. You need to think first who likes what.

Me **gusta** la cartera.	*I like the wallet.*
Me **gustan** las carteras.	*I like the wallets.*
Ésta no me **gusta**.	*I don't like this one.*
Éstas no me **gustan**.	*I don't like these.*
¿Le **gusta** este cinturón?	*Do you like this belt?*

Unidad 10

Salgo a la una y media

What you will learn in this unit
- To talk about your daily routine
- To describe your work

Talking about your daily and spare time activities/ Describing your work

Dialogue

1 Isabel Pérez talks to a friend about her work.

Miguel	¿Cuál es tu horario de trabajo?
Isabel	Entro a las nueve y media y salgo a la una y media.
Miguel	Y por la tarde, ¿a qué hora empiezas?
Isabel	Empiezo a las cuatro y termino a las ocho. Pero a veces salgo más tarde.
Miguel	¿Y dónde almuerzas?
Isabel	Pues, normalmente voy a almorzar a casa y luego vuelvo a la oficina, pero a veces me quedo en el centro y como en alguna cafetería. En el verano voy a la piscina un rato.

Miguel   ¿Trabajas los sábados también?

Isabel   Sí, trabajo de lunes a sábado, pero los sábados trabajo sólo por la mañana. Tú trabajas de lunes a viernes, ¿verdad?

Miguel   Sí, de lunes a viernes solamente.

Isabel   ¡Qué bien!

Miguel   ¿Y cuántas semanas de vacaciones tienes?

Isabel   Tengo cuatro semanas por año. ¿Y tú?

Miguel   Yo sólo tengo tres.

2 Isabel describes her work to Miguel.

Miguel   ¿En qué consiste tu trabajo?

Isabel   Pues, cuando llego por la mañana, lo primero que hago es ver si hay algún recado para el gerente en el contestador. Luego leo la correspondencia y contesto las cartas más urgentes. También atiendo las llamadas telefónicas para la gerencia, recibo a los clientes y les ofrezco café cuando tienen que esperar. A veces salgo fuera de la oficina, voy al banco...

Miguel   ¡Trabajas mucho!

Isabel   Sí, muchísimo.

Practice

1 **¿Verdadero o falso?** (*True or false?*)

  (*a*) Isabel trabaja de 9.30 a 1.00 y de 4.30 a 8.00.
  (*b*) Ella almuerza normalmente en la oficina.
  (*c*) Ella trabaja de lunes a sábado.
  (*d*) Miguel también trabaja de lunes a sábado.
  (*e*) Isabel tiene cuatro semanas de vacaciones por año.

2 What does Isabel do at work each day? Study Dialogue 2 again, and then complete each of these sentences with the missing verb:

  (*a*) Lo primero que ..... es ver si hay algún recado para el gerente en el teléfono.
  (*b*) Luego ..... la correspondencia.
  (*c*) ..... las cartas más urgentes.
  (*d*) También ..... las llamadas telefónicas para la gerencia.
  (*e*) ..... a los clientes.
  (*f*) Les ..... café cuando ..... que esperar.
  (*g*) A veces ..... fuera de la oficina.
  (*h*) ..... al banco.

3 A Spanish-speaking friend asks you about your daily activities. Answer his questions:

(*a*) ¿Cuál es tu horario de trabajo/de clases?
(*b*) ¿A qué hora empiezas?
(*c*) ¿A qué hora sales?
(*d*) ¿Dónde almuerzas normalmente?
(*e*) ¿Trabajas/tienes clases de lunes a sábado?
(*f*) ¿Cuántas semanas de vacaciones tienes por año?

4 Get together with another student and ask and answer questions like the ones above. Include other questions such as:

- ¿A qué hora te levantas?
- ¿Cómo vienes al colegio/a la universidad?
- ¿Cómo vas al trabajo?
- ¿Qué haces por la tarde/la noche?
- ¿A qué hora cenas normalmente?
- ¿A qué hora te acuestas?

5 Sustained speaking/writing

Imagine you are going to write to a Spanish-speaking correspondent about your daily and spare time activities. Practise giving the information orally first, then write a brief passage with the same information. Give details such as the following:

Where you work or study, what days you work, your working hours, what time you get up to go to work, what time you leave the house, how you travel to work, where you normally have lunch, what time you return home, what you normally do in the evenings/the weekends, how many weeks' holiday you have, what you normally do during your holidays

Useful words and phrases

> **En una empresa/un colegio/una universidad/la universidad de...**
> **En coche/metro/autobús**
> **Veo la televisión/leo el periódico/escucho música/riego el jardín**
> **Voy a la playa/voy al campo/viajo a España/viajo al extranjero/me quedo**
>   **en casa**

6 Enrique Ramírez is a technician and is applying for a job with a new company. This is part of his application form:

Nombre y apellidos ....

         ENRIQUE RAMIREZ PEÑA

Fecha de nacimiento *16 de Julio de 1.955*

Estado Civil .... *Casado*

Dirección y teléfono *Calle Guipúzcoa 362,*
          2° Izq. - BILBAO

Ocupación actual *Técnico electricista*

Nombre de la empresa ELECTRONICA BILBAO

Descripción de funciones *Responsable de relaciones con compañías electrónicas; preparación de ofertas; asesoramiento en la preparación de contratos; dirección y control de obras.*

Sueldo actual *4 millones de pesetas anuales*

Jornada laboral .... *Lunes a viernes de 8.00 a 4.00*

Answer in Spanish:

(*a*) ¿Cuál es la fecha de nacimiento de Enrique?
(*b*) ¿Está casado o soltero?
(*c*) ¿Dónde vive?
(*d*) ¿Qué hace actualmente?
(*e*) ¿En qué empresa trabaja?
(*f*) ¿En qué consiste su trabajo?
(*g*) ¿Cuánto gana?
(*h*) ¿Qué días y horas trabaja?

7   This is part of an interview which Enrique Ramírez had to attend:

Pregunta   ¿En qué trabaja usted actualmente?

Respuesta   Soy técnico electricista.

Pregunta   ¿En qué compañía?

Respuesta   Trabajo en Electrónica Bilbao.

Pregunta   ¿En qué consiste su trabajo?

Respuesta   Soy responsable de las relaciones con las compañías electrónicas, también preparo ofertas, asesoro en la preparación de contratos y dirijo y controlo obras.

Pregunta   ¿Cuánto gana usted ahora?

Respuesta   Cuatro millones de pesetas anuales.

Pregunta   ¿Cuál es su horario de trabajo?

Respuesta   De lunes a viernes, de ocho de la mañana a cuatro de la tarde.

Pregunta   ¿Trabaja aquí en Bilbao?

Respuesta   Sí, en Bilbao.

Now get together with another student and make up similar conversations.
Use ideas from the advertisements below and overleaf:

EMPRESA LIDER
en escritura electrónica, para
su departamento comercial,
necesita

**VENDEDORAS
Y VENDEDORES**
de las siguientes características:

- Formación a nivel universitario.
- Cualidades comerciales.
- Gran capacidad de trabajo.
- Residencia en Madrid.
- Buena presencia.

Ofrecemos:
- Incorporación inmediata.
- Formación a cargo de la empresa.
- Amplia área de gestión.
- Empresa joven y dinámica.
- Elevados ingresos a convenir.
- Apoyo total de la empresa.

Interesados, enviar historial a Sans
de España, Avda. General Perón, 14,
Ref. Escritura Electrónica, Madrid.

IMPORTANTE COMPAÑIA
AMERICANA
LIDER EN INSTRUMENTACION
CIENTIFICA
**NECESITA PARA
INCORPORACION INMEDIATA**

SECRETARIA
DPTO. VENTAS

SE REQUIERE:
1. Dominio de inglés.
2. Experiencia mínima tres años.
3. Rapidez y nitidez en mecanografía.
4. Se apreciará iniciativa y personalidad.

SE OFRECE:
1. Incorporación inmediata.
2. Semana laboral de cinco días e
   intensiva en verano.
3. Agradable ambiente de trabajo.
4. Salario atractivo, de acuerdo con
   experiencia y capacidad.
5. Lugar de trabajo, zona norte de
   Madrid.

8   At-sight translation

A colleague of yours who does not know any Spanish has spotted this
advertisement in a Spanish newspaper. He knows the company and would
like to know what job they are advertising. Translate the advertisement
giving a general rather than a word by word translation.

HOSIMEX S.A.
NECESITA

DELEGADO DE VENTAS PARA MADRID
**Su función primordial será la gestión directa de ventas y la
promoción de nuestros productos a nivel de centros hospitalarios,
en dependencia directa del Jefe Regional de Ventas**

Se requiere:
- *Experiencia en ventas, no necesariamente en este ramo.*
- *Formación mínima a nivel de Bachillerato Superior.*
- *Dedicación exclusiva.*
- *Residencia en Madrid.*
- *Dispuesto a viajar.*
- *Carnet de conducir y vehículo propio.*

Se ofrece:
- *Incorporación inmediata.*
- *Retribución fija más incentivos superior a los 4.200.000 pesetas brutas.*
- *Dietas y gastos de automóvil acordes con el prestigio del puesto.*
- *Integración a plantilla de empresa bien introducida en el mercado.*
- *Trabajo en equipo y buen ambiente laboral.*
- *Formación constante a cargo de la Empresa.*

Si este puesto le interesa y desea incorporarse a una Empresa como la nuestra,
dedicada al servicio de la Salud Pública, escríbanos al Apartado 1,279 de Barcelona,
indicando la referencia D.V.M. y adjuntando amplios datos personales, así como
fotografía reciente y teléfono de contacto. Aseguramos absoluta reserva.

Listening comprehension

On a visit to a Spanish company in Madrid you have a chance to talk to the general manager about the working conditions within the organization.

1 Listen to the information given and summarize the main points in English.

2 On your return home you tell a colleague of yours about your visit to the company. He has some specific questions to ask you. Answer them according to the information given in the talk.

  (*a*) What hours do they work?
  (*b*) Do they work the same hours the whole year round?
  (*c*) Do they work five or six days a week?
  (*d*) How many weeks of vacation do they have?
  (*e*) What benefits are there for the employees?
  (*f*) What plans does the company have?

Reading comprehension

México

Con 89.000.000 de habitantes, México es el primer país de habla española en el mundo, más del doble de la población de España. Su capital, la ciudad de México, llamada también el D.F. (Distrito Federal, *Federal District*), con una población de 21.000.000, es una de las mayores ciudades del mundo. Por su superficie, 1.972.546 km², México es el segundo país más grande entre las naciones de habla española. El primero es Argentina, que tiene una superficie de 2.792.000 km².

Como en otros países de habla española, gran parte de la población mexicana es mestiza (75 por ciento), es decir, es una mezcla de indio y europeo. La población indígena del país se calcula en un 10 por ciento. El resto son europeos.

Una gran parte de la población mexicana – aproximadamente el 25 por ciento – vive en zonas rurales, donde las condiciones de vida son frecuentemente difíciles y hasta primitivas y donde hay un alto porcentaje de analfabetismo y altas tasas de desempleo. El Estado de Chiapas, en el sur del país, escenario de enfrentamientos entre grupos armados y el ejército mexicano, es una de las regiones más pobres de México.

Como otros países de América Latina, México es un país muy centralizado. Una gran parte de la industria y el comercio están concentrados en la ciudad de México, el centro político y administrativo del país. La migración de campesinos pobres hacia la capital crea grandes presiones de orden social. Muchos mexicanos emigran a los Estados Unidos, frecuentemente de manera ilegal, en busca de mejores condiciones de vida.

La economía mexicana

México pasa hoy por un rápido proceso de transición, de una sociedad agrícola a una sociedad industrial. La agricultura mexicana proporciona al país una parte

México, al igual que Venezuela, tiene grandes reservas de petróleo

importante de sus ingresos, a través de la exportación de productos tales como azúcar, café, algodón, tomates, etc. Actualmente, sin embargo, la exportación de productos manufacturados es superior a la de productos agrícolas. México se industrializa rápidamente. Entre las industrias más importantes están la del petróleo, la siderúrgica, la industria del cemento, la industria química, textil, automotriz, etc. Otra fuente importante de ingresos para México es el turismo, proveniente especialmente de los Estados Unidos y de Europa.

1 **¿Verdadero o falso?** (*True or false?*)

    (*a*) La población de México es mayor que la de España.

    (*b*) Argentina es más grande que México.

    (*c*) La mayoría de los mexicanos son blancos, descendientes directos de los españoles.

    (*d*) Una cuarta parte de la población es indígena.

    (*e*) Hay más mexicanos en zonas rurales que en la ciudad.

2 **Answer in English:**

    (*a*) What economic change is Mexico undergoing at present?

    (*b*) What agricultural products does Mexico export?

    (*c*) Which are some of the main industries?

    (*d*) Where do tourists come from mainly?

3 **Translation**

Your company is gathering information on Mexico, with a view to establishing trade with that country. You have been asked to translate the first passage, **México**, into English.

Summary

Asking and answering questions about habitual actions

(i) ¿Cuál es su/tu horario de trabajo?	*What is your work schedule like?*
Entro a las nueve y media y salgo a la una y media.	*I get in at 9.30 and leave at 1.30.*
(ii) ¿A qué hora se levanta usted/te levantas?	*What time do you get up?*
¿Yo? Me levanto a las ocho.	*I get up at eight.*
(iii) ¿Donde almuerza/almuerzas?	*Where do you have lunch?*
Normalmente voy a almorzar a casa.	*I usually go home to lunch.*

(iv) ¿Qué hace/haces por la tarde/noche?   *What do you do in the evening/*
                                                    at night?

Leo el periódico y veo la televisión.   *I read the paper and watch television.*

(v) ¿Cómo va/vas al trabajo?   *How do you get to work?*
Voy en coche.   *I go by car.*

Describing your work

¿En qué consiste su/tu trabajo?   *What does your work consist of?*

Atiendo el teléfono, leo la correspondencia, contesto las cartas...
I deal with the phone, read the correspondence, answer the letters ...

Grammar

1   Hacer (*to do, to make*), **salir** (*to go out*), **ofrecer** (*to offer*)

Hacer, salir and **ofrecer** are irregular in the first person singular of the present tense:

hacer	salir	ofrecer
hago	**salgo**	**ofrezco**
haces	sales	ofreces
hace	sale	ofrece
hacemos	salimos	ofrecemos
hacéis	salís	ofrecéis
hacen	salen	ofrecen

Lo primero que **hago** es leer la correspondencia.
The first thing I do is read the mail.

Salgo de la oficina a la una y media.
I leave the office at 1.30.

Les **ofrezco** café a los clientes.
I offer the customers coffee.

2   More radical or stem-changing verbs

Empezar (*to begin*) is another **e > ie** radical changing verb. (See page 104 for the full forms of these verbs.)

Emp**ie**za a las nueve y media de la mañana.   *He/She begins at 9.30 a.m.*
Empezamos a las cuatro de la tarde.   *We begin at 4 p.m.*

Similar verbs are: **atender** (*to answer, to serve*), **cerrar** (*to close*), **comenzar** (*to begin*), **despertarse** (*to wake up*), **entender** (*to understand*), **pensar** (*to think*), **preferir** (*to prefer*), **querer** (*to want*), **sentarse** (*to sit*), **sentirse** (*to feel*).

Volver is another verb which changes the **o** to **ue**. (See page 104 for the full forms of these verbs.)

Vuelve a casa a las ocho.	*He comes back home at eight.*
Volvemos a la oficina a las tres.	*We go back to the office at three.*

Similar verbs are: **acordar** (*to agree*), **acordarse** (*to remember*), **acostarse** (*to go to bed*), **almorzar** (*to have lunch*), **contar** (*to count*), **costar** (*to cost*), **dormir** (*to sleep*), **encontrar** (*to find*), **morir** (*to die*), **poder** (*to be able to, can*), **soler** (*to be in the habit of*).

3   Reflexive verbs (present tense): **levantarse** (*to get up*)

(Yo)	**me**	levanto	*I get up*
(Tú)	**te**	levantas	*You get up*
(Él)			*He gets up*
(Ella)	**se**	levanta	*She gets up*
(Usted)			*You get up*
(Nosotros)	**nos**	levantamos	*We get up*
(Vosotros)	**os**	levantáis	*You get up*
(Ellos/Ellas)	**se**	levantan	*They get up*
(Ustedes)			*You get up*

4   Frequency adverbs

Frequency adverbs are words like *normally*, *usually*, which indicate how often we do something. Here are the most common frequency adverbs in Spanish:

normalmente	*normally*	**generalmente**	*usually*
a veces	*sometimes*	**a menudo**	*often*
siempre	*always*	**nunca**	*never*
de vez en cuando	*from time to time*		

Normalmente leo.	*I normally read.*
Generalmente veo la televisión.	*I generally watch television.*
A veces voy a la piscina.	*I sometimes go to the swimming pool.*

Unidad 11

Debe traer su pasaporte

What you will learn in this unit
- To say what has to be done
- To leave messages
- To talk about future plans
- To say what you intend to do
- To express purpose
- To make recommendations

A Expressing obligation and need/Leaving a message

Dialogue

1 Martin Smith wants to open a bank account. This is a conversation between him and a bank clerk in Spain.

Empleada	Buenos días. ¿Qué desea?
Sr. Smith	Buenos días. Quisiera abrir una cuenta en moneda extranjera. Vivo fuera de España, pero vengo aquí a menudo por razones de negocios.
Empleada	Bueno, tenemos varios tipos de cuentas. ¿Usted quiere una cuenta corriente?

136

Sr. Smith	No, cuenta corriente no. ¿Qué otros tipos de cuentas tienen?
Empleada	Pues, tenemos cuentas a la vista, con preaviso y a plazo fijo. Le daré un folleto con toda la información. ¿En qué moneda quiere usted la cuenta?
Sr. Smith	En libras esterlinas. ¿Y qué debo hacer para abrir una cuenta?
Empleada	Tendrá que rellenar una solicitud de apertura y registrar su firma. Y deberá traer su carnet de identidad o su pasaporte. Le daré una solicitud.
	(*The bank clerk hands him an application form.*)
	Bien, aquí tiene la solicitud.
Sr. Smith	Muchas gracias. Volveré mañana. Adiós.
Empleada	Adiós.

2 Martin Smith makes a telephone call to speak to señora Elvira Santos, a company executive in Madrid. He speaks to her secretary.

Secretaria	¿Sí, dígame?
Sr. Smith	Buenos días. Quisiera hablar con la señora Elvira Santos, por favor.
Secretaria	La señora Santos no está. ¿De parte de quién?
Sr. Smith	De parte de Martin Smith, de Londres.
Secretaria	Señor Smith, la señora Santos está de vacaciones.
Sr. Smith	¿Sabe usted cuándo regresa?
Secretaria	No regresará hasta el 10 de septiembre. ¿Quiere dejarle algún recado?
Sr. Smith	Sí, por favor. Dígale que le escribiré desde Londres y que le enviaré nuestro catálogo y la lista de precios.
Secretaria	Muy bien, señor Smith, se lo diré.
Sr. Smith	Adiós, muchas gracias.
Secretaria	De nada, adiós.

Practice

1 **¿Verdadero o falso?** (*True or false?*)

(*a*) Martin Smith quiere abrir una cuenta corriente.
(*b*) Quiere una cuenta en pesetas.
(*c*) Para abrir la cuenta será necesario que rellene una solicitud.
(*d*) Necesitará traer su pasaporte o su carnet de identidad.
(*e*) Él le dará una solicitud a la empleada.

2 Answer in Spanish:

(*a*) ¿Con quién quiere hablar Martin Smith?

(*b*) ¿Dónde está la señora Santos?

(*c*) ¿Cuándo regresará?

(*d*) ¿Qué le enviará el Sr. Smith a la Sra. Santos desde Londres?

3 Translation

You are working as a translator for a large multinational company based in Spain. On your desk this morning you find a note from the Personnel Department asking you to do a translation into English for distribution among secretarial staff dealing with English speakers on the telephone. Make the necessary adaptations to the English text.

ANEXO Nº. 1

TELÉFONOS Y EXTENSIONES

1 No debe utilizarse solamente el *"Dígame"*.

2 La persona que atiende el teléfono debe identificarse y saludar. P.ej.: *"Juan Pérez, buenos días"*.

3 En caso de ausencia de la persona a quien se llama, alguien siempre debe atender su teléfono, ofrecer tomar el recado y pasar el recado al interesado.

4 En caso de no poder atender una comunicación, siempre debe ofrecer devolver la llamada y cumplir.

5 En caso de llamadas de clientes o público en general debe mantenerse una actitud cortés y amable y agradecer la llamada: *"gracias por esta información"*, etc.

6 Es preferible volver a llamar a una persona que dejarla esperando en la línea.

4 A telephone conversation

You are on business in Spain and receive a fax from your company instructing you to travel on to Venezuela. Get together with another student and make up a conversation based on this situation:

Student A   You telephone the Venezuelan consulate in Madrid and say that you have to travel to Venezuela on business. Ask whether you need a visa and what you have to do in order to obtain it.

Student B   You are a Spanish speaker working at the Venezuelan consulate in Madrid. Someone telephones to make enquiries about a visa. Greet the caller and ask him what he wants. In order to answer his enquiry you must ask him what passport he has. British passport holders must have a visa and in order to obtain it he (the caller) must come to the consulate and fill in a form. He must bring a letter from his company giving reasons for his trip to Venezuela and must also bring in three photographs, passport size.

Useful words and phrases

obtener un visado   to obtain a visa
rellenar un formulario   to fill in a form
explicando la razón de su viaje   explaining the reason for your trip
fotografías tamaño pasaporte   passport-size photographs

5   You are on business in a Spanish-speaking country. Today you need to speak to señor Meza, manager of a local firm. Complete this conversation with his secretary by following the guidelines in English.

Secretaria   ¿Sí, dígame?

Usted   (*Greet the secretary, and say you would like to speak to señor Meza.*)

Secretaria   El señor Meza no está. Está en Nueva York. ¿De parte de quién?

Usted   (*Say who you are and where you come from.*)

Secretaria   Pues, el señor Meza no regresará hasta la semana que viene. ¿Quiere dejarle algún recado?

Usted   (*Say yes please and tell her that you will send him the samples and the price list.*)

Secretaria   Muy bien, se lo diré.

Usted   (*Thank the secretary and say goodbye.*)

Useful words and phrases

hasta   until
la semana que viene   next week
las muestras   samples

B Talking about future plans, intentions and purposes

Dialogue

Sr. García talks to Isabel about today's programme at the office.

Sr. García   Buenos días, Isabel. ¿Cuál
es el programa para hoy?

Isabel   Un momento. (*Looking at
her diary*) Pues, a las diez
y media va a venir el señor
Green de Nueva York. A
las doce van a traer el
nuevo ordenador y a las
tres y media va a llegar la
señora Sanz de Barcelona
para la entrevista.

Sr. García   ¿Qué va a hacer usted esta
mañana?

Isabel   Voy a responder la carta
del señor Ríos de Costa
Rica, después pienso
terminar el acta de la
reunión de ayer y a las once voy a ir al Banco Hispanoamericano.

Sr. García   ¿A qué hora va a volver?

Isabel   Espero volver antes del mediodía.

Practice

1 Answer in Spanish:

(*a*) ¿Quién va a venir a las diez y media?
(*b*) ¿Qué van a traer a las doce?
(*c*) ¿A qué hora va a llegar la señora Sanz?
(*d*) ¿A quién va a escribir Isabel?
(*e*) ¿Qué piensa hacer después?
(*f*) ¿Adónde va a ir a las once?
(*g*) ¿A qué hora espera volver?

2 You have a busy day at the office today. Your boss comes in and asks you what you are going to do. Look at the notes below and answer using the form "*voy a + infinitive*".

Martes 13	Mayo

Enviar convocatoria para la reunión del viernes 16.

Escribir a la papelería para pedir más material.

Llamar a la agencia de viajes para reservar una plaza para Nueva York.

Llamar al servicio de averías de la Telefónica para que instalen una nueva extensión.

Telefonear al Hotel Don Quijote para cancelar la reserva del Sr. Castro.

Useful words and phrases

convocatoria (*f*) summons
reunión (*f*) meeting
papelería (*f*) stationery
pedir to order
plaza (*f*) seat
servicio de averías (*m*) repair service
Telefónica (Compañía Telefónica) (*f*) telephone company
telefonear to telephone

3 Sustained speaking

Give a brief talk outlining your plans for a particular day, a weekend or a holiday. Use expressions like these:

Voy a ...	(+ infinitive)	*I'm going to ...*
Pienso ...	(+ infinitive)	*I'm thinking of ...*
Espero ...	(+ infinitive)	*I hope to ...*

Useful words and phrases

ir a la oficina/a la universidad to go to the office/the university
preparar un informe to prepare a report
ir al banco to go to the bank
hacer la compra to do the shopping
almorzar/cenar to have lunch/have dinner
salir de paseo to go out for a walk/drive

4 You are working in the Import Department of a company which imports and distributes goods from Spain. A fax has been received and it has been passed on to you for translation.

```
Muy señor mío:

    Acusamos recibo de su pedido Nº RZ6/58324/MQ de
fecha 4 de mayo del presente.

    Lamentamos informarles que no podremos efectuar la
totalidad del pedido antes de fines de junio debido a
problemas laborales. En su lugar, haremos una entrega
parcial de los artículos solicitados a mediados de
junio.

    Le rogamos disculpen las molestias causadas por
este retraso y esperamos que la solución que proponemos
sea aceptable.

                    Le saluda muy atentamente.

                        Alfonso Retamales

                    Gerente de exportaciones
```

Useful words and phrases

pedido (*m*) order
lamentamos we regret
no podremos we will not be able to
debido a due to
en su lugar instead
haremos we will make
entrega (*f*) delivery
solicitados requested
les rogamos disculpen las molestias we apologize for the inconvenience
retraso (*m*) delay
proponemos we propose

5   Writing

You have been asked to reply in Spanish to the fax above on the basis of these notes:

- Thanks for the fax
- Please confirm exact date of partial delivery and quantities
- Hope to receive main order before 30 June.

Useful words and phrases

> **Le agradecemos...**   We thank you ...
> **Le rogamos confirme las cantidades**   Kindly confirm quantities
> **el saldo del pedido**   the remainder of the order
> **antes de**   before

Listening comprehension

1   A representative of Comercial Hispana is travelling to South America on business. At a meeting in Madrid he outlines his plans. A secretary has been asked to take notes of the travel arrangements in case the representative needs to be contacted. Listen and complete the table below with the appropriate information in Spanish as the secretary might have done.

Destino	Fechas	Alojamiento	Notas
1 Caracas	2–7 febrero	Hotel Bolívar	1 día en Maracaibo
2			
3			
4			
5			

Now outline the representative's route on the map of South America overleaf.

Imagine that you are working
for a large company. You have
been asked to travel to Mexico
and Central America. Look at
the map on page 65 and outline
your travel arrangements as
done by the representative of
Comercial Hispana.

2 Note-taking

Listen to Enrique Baeza welcoming a group of foreign businessmen to a
conference in Mexico City. As you listen, fill in the chart below:

Host	Activity	Place	Time
1			
2			
3			
4			

Reading comprehension

El turismo

El turismo es una importante fuente de ingresos para la economía española.
Millones de turistas llegan cada año a España desde distintas partes del mundo,

la mayor parte de ellos europeos. El número de turistas sobrepasa los 50 millones (57 millones en 1993), y de ellos más de 12 millones vienen de Francia, el primer país en la lista de procedencia. También visitan España millones de portugueses, alemanes e ingleses.

Costas e islas

Las costas españolas, especialmente el Mediterráneo, son el lugar de concentración de la mayor parte de los turistas extranjeros. Los más importantes centros turísticos están en la Costa Brava, al norte de Barcelona; en la Costa Blanca, entre Valencia y Alicante; y en la Costa del Sol, en la región de Andalucía.

Frente a la costa del Mediterráneo están las islas Baleares, con una enorme afluencia de turistas extranjeros. El aeropuerto de Palma de Mallorca es uno de los de mayor tráfico en toda España. Las islas Canarias, situadas frente a la costa de Africa Occidental, ofrecen al turista extranjero un clima agradable durante la mayor parte del año. Tenerife y Gran Canaria son los dos centros principales del turismo canario. (*Adaptado de Cambio 16.*)

Los españoles también viajan

Más de 17 millones de españoles salen anualmente al extranjero, según las estadísticas de la Secretaría de Turismo (1993). Los principales destinos son las capitales de los países de la Unión Europea. Ciudades como Londres, París, Amsterdam y Roma, reciben a miles de españoles cada año. Otros destinos importantes son las naciones de Asia y de América Latina. Gracias al progreso económico, los españoles viajan más y más lejos.

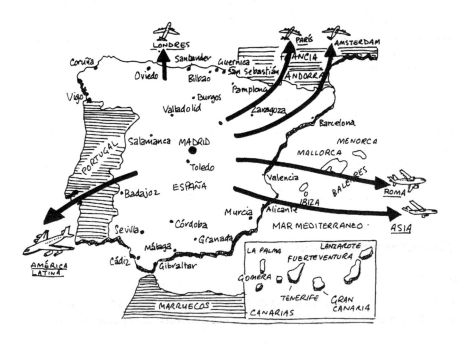

1 Answer in Spanish:

(a) ¿De dónde viene la mayor parte de los turistas que visita España?
(b) ¿Cuál es el principal país de procedencia?
(c) ¿Cuáles son los principales centros turísticos españoles?
(d) ¿Dónde están las islas Baleares? ¿Y las islas Canarias?
(e) ¿Adónde viajan los españoles principalmente?

2 Traducción

You have been asked to translate the complete text above into English.

Summary

A Expressing obligation and need

¿Qué debo hacer para abrir una cuenta?
What do I have to do in order to open an account?

Debe rellenar una solicitud de apertura y registrar su firma.
You have to sign a form to open one and register your signature.

B Leaving a message

Por favor, dígale que le escribiré desde Londres y que le enviaré nuestro
   catálogo y la lista de precios.
Would you please tell him that I'll write to him from London and that I'll send
   him our catalogue and price list.

C Talking about future plans

¿Qué va a hacer usted esta mañana?
What are you going to do this morning?

Voy a responder la carta del señor Ríos.
I'm going to answer the letter from Sr. Ríos.

D Expressing intentions

Pienso terminar el acta de la reunión de ayer.
I intend to finish the minutes of yesterday's meeting.

Espero volver antes de mediodía.
I'm expecting to come back before midday.

E Expressing purpose

La señora Sanz va a llegar a las dos para la entrevista.
Sra. Sanz is going to arrive at two for the interview.

Voy a llamar a la agencia de viajes para reservar una plaza.
I'm going to call the travel agency to book a place.

F   Making recommendations

No debe utilizarse solamente el "Dígame".
You must not only use "Hello".

Es preferible volver a llamar a una persona que dejarla esperando en la línea.
It is better to call someone back than to keep him/her hanging on.

Grammar

1   Deber + infinitive (*to have to, must* + infinitive)

(yo) **debo**	rellenar una solicitud.	*I must fill in an application form.*
(él/ella/Vd.) **debe**	registrar la firma.	*He/she/you must register his/her/your signature.*
(ellos(as)/Vds.) **deben**	abrir una cuenta.	*They/you must open an account.*

2   Ir a + infinitive (*to be going to* + infinitive)

voy a contestar una carta.	*I am going to answer a letter.*
vas a volver a Londres.	*You are going to return to London.*
va a ir al banco.	*He/She is going to go to the bank.*
vamos a llamar por teléfono.	*We are going to telephone.*
vais a dejar un recado.	*You are going to leave a message.*
van a hacer la compra.	*They are going to do the shopping.*

3   The future tense

To refer to future actions and events you can also use the future tense. This, however, is less common overall than the construction above, except in writing where it is very frequent. To form the future tense, you use the infinitive followed by the appropriate ending, which is the same for the three conjugations (**-ar, –er** and **–ir** verbs).

hablar**é**	deber**é**	ir**é**
hablar**ás**	deber**ás**	ir**ás**
hablar**á**	deber**á**	ir**á**
hablar**emos**	deber**emos**	ir**emos**
hablar**éis**	deber**éis**	ir**éis**
hablar**án**	deber**án**	ir**án**

Deber**ás** rellenar una solicitud.	*You will have to fill in an application form.*
Deber**á** registrar su firma.	*He will have to register his signature.*
Deber**án** traer su pasaporte.	*You will have to bring your passport.*

Some verbs form the future tense in an irregular way. Here are the most common:

decir (*to say, to tell*) **diré, dirás, dirá, diremos, diréis, dirán**
hacer (*to do, to make*) **haré, harás, hará, haremos, haréis, harán**
poder (*can, to be able to*) **podré, podrás, podrá, podremos, podréis, podrán**
poner (*to put*) **pondré, pondrás, pondrá, pondremos, pondréis, pondrán**
saber (*to know*) **sabré, sabrás, sabrá, sabremos, sabréis, sabrán**
salir (*to leave, to go out*) **saldré, saldrás, saldrá, saldremos, saldréis, saldrán**
tener (*to have*) **tendré, tendrás, tendrá, tendremos, tendréis, tendrán**
venir (*to come*) **vendré, vendrás, vendrá, vendremos, vendréis, vendrán**

4   Esperar + infinitive (*to hope, expect* + infinitive)

(Yo) **espero** volver pronto.	*I hope to come back soon.*
(Ella) **espera** estar aquí a las dos.	*She hopes to be here at two.*
Nosotros/as **esperamos** ir a España.	*We are hoping to go to Spain.*

5   Pensar + infinitive (*to be thinking of* + gerund/*to intend to* + infinitive)

Pensar is another radical-changing verb which changes from **e** into **ie** in the present tense. See page 104 for the full forms of these verbs.

Piensa terminar el acta.	*He intends to finish the minutes.*
Pensamos viajar a Sudamérica.	*We are thinking of travelling to South America.*
Pensáis abrir una cuenta.	*You intend to open an account.*
Piensan ir en avión.	*You/they are thinking of going by plane.*

6   Para (*in order to, for*)

para reservar una plaza	*in order to reserve a place*
para cancelar la reserva	*in order to cancel the reservation*
para la entrevista	*for the interview*
para la reunión del viernes	*for Friday's meeting*

(See also pages 50, 80, 105, 169 and 170.)

7   y/e; o/u

Y becomes **e** before a word starting with **i-** or **hi-**:

costas e islas	*coasts and islands*
alemanes e ingleses	*Germans and English*

O becomes **u** before a word starting with **o-**:

una cosa u otra	*one thing or another*

Unidad 12

He llegado hoy

What you will learn in this unit
- To deal with a visitor to your company
- To ask about someone's journey
- To ask about previous visits to a place
- To describe events that have taken place
- To make appointments
- To say you would like to do something

Dealing with visitors to the company/Making appointments

Dialogue

1   Thomas Adams, a British businessman, is visiting Comercial Hispana in Madrid. He is received by señor García himself.

Sr. García.   Buenos días. ¿Usted es el señor Adams?

Sr. Adams   Sí, soy yo. Thomas Adams.

Sr. García.   Yo soy Carlos García, el gerente. Encantado de conocerle, señor Adams.

Sr. Adams   Mucho gusto, señor García. ¿Cómo está usted?

Sr. García   Bien, gracias. ¿Ha tenido un buen viaje?

Sr. Adams   Sí, el viaje ha sido estupendo.

Sr. García   ¡Me alegro! Bueno, vamos a mi despacho. Por aquí, por favor. ¿Ha estado usted en Madrid antes?

Sr. Adams   Sí, he estado aquí varias veces. Me gusta mucho. ¿Y usted, conoce Inglaterra?

149

Sr. García	Pues, he ido a Londres un par de veces, pero han sido visitas muy cortas. He visto muy poco. (*Opening the door to his office*) Adelante, por favor. Siéntese.
Sr. Adams	Gracias. Ha recibido mi carta, ¿verdad?
Sr. García	Sí, sí, la he recibido. Muchas gracias. Aquí la tengo. Si le parece bien, podemos discutir su propuesta primero y después vamos a almorzar. He hecho una reserva en un restaurante cerca de aquí.
Sr. Adams	Estupendo, muchas gracias.
Sr. García	Y mientras almorzamos podemos continuar.
Sr. Adams	¿Cómo? Perdone usted, pero no entiendo muy bien el español.
Sr. García	Durante el almuerzo podemos continuar. ¿Le parece bien eso?
Sr. Adams	Sí, sí, por supuesto, me parece muy bien.

2 That afternoon Thomas Adams telephones señora Fernández to make an appointment to see her.

Sr. Adams	Buenas tardes. Por favor, quisiera hablar con la señora Fernández.
Recepcionista	Sí, un momento, por favor. Creo que no está. Veré si ha vuelto. ¿De parte de quién?
Sr. Adams	De parte de Thomas Adams, de Inglaterra.
Sra. Fernández	¿Señor Adams?
Sr. Adams	¿Sí?
Sra. Fernández	Soy Marta Fernández. ¿Cómo está usted?
Sr. Adams	Muy bien, gracias.
Sra. Fernández	¿Cuánto tiempo hace que está en Madrid?
Sr. Adams	He llegado hoy y voy a estar aquí hasta el jueves. Me gustaría verla. He traído algo que puede interesarle.
Sra. Fernández	Sí, por supuesto. Ha dicho que va a estar aquí hasta el jueves, ¿no?
Sr. Adams	Sí, regreso el jueves por la noche.
Sra. Fernández	Bueno, en ese caso, ¿por qué no viene usted aquí el miércoles por la mañana?
Sr. Adams	Sí, sí, el miércoles está bien.

Sra. Fernández	¿A las diez le parece bien?
Sr. Adams	Sí, perfectamente.
Sra. Fernández	Pues, hasta el miércoles entonces.
Sr. Adams	Hasta el miércoles. Adiós.
Sra. Fernández	Adiós.

Practice

1 Read or listen to both dialogues again and then check your understanding by answering the questions below.

(*a*) Has Thomas Adams been in Madrid before?
(*b*) Has señor García been to England?
(*c*) What are the two businessmen going to do before lunch?
(*d*) Where are they going for lunch?
(*e*) Why does señor Adams apologize to señor García?
(*f*) How long has señor Adams been in Madrid?
(*g*) When is he going back?
(*h*) When does he arrange to see señora Fernández?

2 Señor Gonzalo Román, a Spanish-speaking businessman is visiting your company and you have been asked to receive him. You approach someone waiting at reception. Check the vocabulary first and then follow the guidelines in English to complete the conversation with the visitor.

Useful words and phrases

gerente de marketing (*m*)   marketing manager
esta mañana   this morning
vuelo (*m*)   flight
agradable   pleasant
con media hora de retraso   half an hour late
llevar   to take
director gerente (*m*)   general manager
primera vez (*f*)   first time
a la hora de la comida   at lunch time

Usted	(*Greet the person and ask if he is señor Gonzalo Román.*)
Sr. Román	Sí, soy yo.
Usted	(*Introduce yourself, and say you are the marketing manager. Say you are pleased to meet him.*)
Sr. Román	Mucho gusto.

Usted	(*Ask señor Román how he is.*)
Sr. Román	Muy bien, gracias.
Usted	(*Ask señor Román how long he has been in your country.*)
Sr. Román	He llegado esta mañana.
Usted	(*Ask him if he has had a good trip.*)
Sr. Román	Sí, el vuelo ha sido muy agradable, pero hemos llegado con media hora de retraso.
Usted	(*Say you are going to take him to the general manager's office. On the way, you ask him if he has been in England before.*)
Sr. Román	No, ésta es la primera vez que vengo a Inglaterra. Y no hablo muy bien inglés. Su español es muy bueno.
Usted	(*Thank him and say you have been to Spain and Latin America several times. [You reach the general manager's office.] Say good bye to Sr. Román and tell him you'll see him at lunch time. You have made a reservation at a nearby restaurant.*)
Sr. Román	Muchas gracias. Adiós.

3 A Spanish-speaking business person will be visiting your company and you have been asked to entertain him/her. Here are some questions you might want to ask. Match each question below with the corresponding answer.

(*a*) ¿Cuándo ha llegado?
(*b*) ¿Ha tenido un buen viaje?
(*c*) ¿Es la primera vez que viene aquí?
(*d*) ¿Le gusta?
(*e*) ¿Qué ha visto usted de la ciudad?
(*f*) ¿Cuánto tiempo va a estar aquí?
(*g*) ¿Habla usted inglés?

(*1*) No, he estado aquí dos veces.
(*2*) Pienso regresar el lunes por la tarde.
(*3*) Esta tarde.
(*4*) No muy bien, pero entiendo bastante.
(*5*) No mucho. Han sido viajes muy rápidos, de negocios principalmente.
(*6*) Regular. Hemos llegado con dos horas de retraso.
(*7*) Muchísimo. Es una ciudad muy bonita.

4 Señor García has had a very busy day today. Look at this page from his diary which shows some of the things he has done, and then answer the questions on the next page. First look at these key words:

> **consulta** (*f*) consultation
> **terminar** to finish
> **informe** (*m*) report
> **reunión** (*f*) meeting
> **junta directiva** (*f*) board of directors
> **esperar** to meet

Lunes 25	
	Llamar a Londres y responder a las consultas del Sr. Devon
	Confirmar el vuelo a Nueva York
11.00	*Ir al dentista*
2.00	*Comer con el Sr. Arenas*
	Terminar el informe para la reunión de la junta directiva
5.00	*Ir al aeropuerto a esperar al Sr. Reyes*
9.00	*Cenar con el Sr. Reyes*

¿Qué ha hecho hoy? (*What has he done today?*)

(*a*) ¿A qué ciudad ha llamado?
(*b*) ¿A qué consultas ha respondido?
(*c*) ¿Qué vuelo ha confirmado?
(*d*) ¿Adónde ha ido antes de la comida?
(*e*) ¿Con quién ha comido?
(*f*) ¿Qué ha terminado después de la comida?
(*g*) ¿A quién ha ido a esperar al aeropuerto?
(*h*) ¿Con quién ha cenado?

5 Get together with two other students and make up a conversation based on this situation:

Student A
You are in Seville and you telephone señor Julio Prado to make an appointment to see him. You arrived in Seville today and will be there till Saturday, so you need to see him before then. Thursday morning or Friday afternoon are the only times when you are free. Try to fix a time with señor Prado for one of those days.

Student B
You are a receptionist at Al-Andalus, a company in Seville. Someone telephones and asks to speak to señor Prado, the manager. Ask who's speaking and say you don't think he's in. Say you'll see if he has come back.

Student C
You are señor Julio Prado, manager of Al-Andalus. You receive a telephone call from someone from Britain who is in Seville and would like to arrange an appointment with you. Greet the caller, ask when he/she arrived and how long he/she is going to be in Seville. You are free on Thursday and Friday afternoon. The visitor is busy on Thursday afternoon but he's free on Friday between 4.00 and 6.00. You finally agree a time for Friday afternoon.

Useful words and phrases

> **¿cuánto tiempo...?**   how long ...?
> **estoy libre**   I'm free
> **lamentablemente**   unfortunately
> **estoy ocupado/a**   I'm busy
> **tengo otra cita**   I have another appointment
> **¿qué le parece...?**   what about ...?
> **está bien**   it's all right

Listening comprehension

Señora Inés Aguirre has come to see señor Joaquín Ventura at his office in Zaragoza. Listen to their conversation and then check your understanding by answering the questions below. First, look at these new words and phrases:

> **otra vez**   again
> **un par**   a pair
> **he venido**   I have come
> **desde luego**   certainly
> **¡qué lástima que se vaya...!**   what a pity you are leaving ...!
> **juntos**   together
> **hacer un pedido**   to place an order
> **ahora mismo**   right now

1   Answer in English:

  (*a*) How long has señora Aguirre been in Zaragoza?
  (*b*) What has she done before coming to see señor Ventura?
  (*c*) Has she been at the hotel El Pilar before?
  (*d*) How has she travelled to Zaragoza? Why?
  (*e*) When will she return to Madrid?
  (*f*) Where does señor Ventura invite her?

2   How have the following been expressed in the conversation?

  (*a*) I'm glad to see you again.
  (*b*) How long have you been in Zaragoza?
  (*c*) It is an excellent hotel.
  (*d*) It is not bad at all.
  (*e*) What a pity you are leaving so soon!
  (*f*) Delighted!

Reading comprehension

España en la Unión Europea

Desde el 1 de enero de 1986 España es un miembro más de la Unión Europea. La entrada de España en la Comunidad Económica Europea (CEE) ha obligado al país a realizar una serie de adaptaciones para hacer frente a la competencia europea, sin el proteccionismo característico de su economía hasta entonces.

Los cambios que ha experimentado España desde su entrada en la CEE son muchos y muy variados. La industria española, por ejemplo, ha tenido que asumir un nuevo papel mediante la reconversión y la incorporación de tecnologías más avanzadas.

La agricultura, uno de los sectores tradicionalmente más deficientes de la economía española, con una baja productividad, se ha diversificado y modernizado.

El transporte, uno de los sectores más abandonados de la economía española, se ha expandido notablemente con la construcción de nuevas autovías y autopistas. El transporte ferroviario también se ha modernizado; se han cerrado vías antieconómicas y se han creado otras más eficientes y rentables.

El ciudadano común y la Europa comunitaria

Para el ciudadano común también ha habido muchos cambios: los españoles pueden trabajar libremente en cualquiera de los países de la UE; los jóvenes universitarios pueden estudiar también en cualquiera de los países de la Comunidad; los españoles, en general, tienen ahora acceso a una gran variedad de productos alimenticios procedentes de otros países de la Europa comunitaria; la venta de automóviles y otros vehículos importados ha aumentado considerablemente y sus precios han bajado; muchos bancos extranjeros han abierto oficinas en España, lo que ha aumentado las posibilidades de elección de los usuarios; y como en otros países de la Comunidad, en España se han creado instituciones para la defensa de los consumidores. En todas las ciudades y pueblos de España existen las *Oficinas Municipales de Información al Consumidor* (*OMIC*), donde los usuarios pueden pedir información o presentar reclamaciones.

1   Answer in English:

(*a*) When did Spain join the European Union?
(*b*) What has the country been forced to do since then?
(*c*) What changes has the industrial sector undergone?
(*d*) What has happened with agriculture?
(*e*) What changes have taken place in the transport area?

2   Translation

You have been asked to translate the passage **El ciudadano común y la Europa comunitaria** for inclusion in an information leaflet on Spain and the European Union.

Summary

A   Dealing with visitors to the company

¿Usted es el señor/la señora Adams?	*Are you Mr/Ms Adams?*
Sí, soy yo.	*Yes I am.*
Encantado de conocerle/la.	*Pleased to meet you.*
¿Como está usted?	*How are you?*
Bien, gracias.	*Fine, thank you.*
¿Ha tenido un buen viaje?	*Have you had a good trip?*
Sí, el viaje ha sido estupendo.	*Yes, fine.*
¡Me alegro!	*Great!*
¿Ha estado usted en Madrid antes?	*Have you been in Madrid before?*
Sí, he estado aquí varias veces.	*Yes, I've been here several times.*

B   Making appointments

Quisiera hablar con la señora/ el señor Fernández.	*I'd like to speak to Sra./ Sr. Fernández.*
¿De parte de quién?	*Who's speaking?*
De parte de Thomas Adams.	*Thomas Adams.*

Me gustaría verla/verle.	*I would like to see her/him.*
¿Por qué no viene usted aquí el miércoles?	*Why don't you come here on Wednesday?*
Sí, el miércoles está bien.	*Yes, Wednesday's fine.*
¿A las diez le parece bien?	*Does ten o'clock seem OK?*
Sí, perfectamente.	*Yes, fine.*
Hasta el miércoles entonces.	*Until Wednesday then.*
Sí, adiós.	*Yes, goodbye.*

Grammar

1 The perfect tense

To talk about the recent past or about past events which are related to the present, as in *Have you had a good trip?; I have been here several times,* we use the perfect tense. The perfect tense is formed with the present tense of **haber** (auxiliary verb *to have*), followed by a past participle which is invariable. –**Ar** verbs form the past participle by adding –**ado** to the stem, while –**er** and –**ir** verbs add –**ido**. Here are two verbs, the first an –**ar** verb and the second an –**ir** one, fully conjugated.

Estar (*to be*)	**Recibir** (*to receive*)
He estado	**He** recibido
Has estado	**Has** recibido
Ha estado	**Ha** recibido
Hemos estado	**Hemos** recibido
Habéis estado	**Habéis** recibido
Han estado	**Han** recibido

Has estado allí esta mañana.	*You have been there this morning.*
Ha estado aquí hoy.	*You have/he/she has been here today.*
Hemos estado en Madrid varias veces.	*We have been to Madrid several times.*
Han estado en Inglaterra una vez.	*They have been to England once.*
He recibido la carta.	*I have received the letter.*
Ha recibido los documentos hoy.	*He/she has/you have received the documents today.*
Hemos recibido muchas visitas.	*We have had a lot of visits.*
Habéis recibido mucho dinero.	*You have received a lot of money.*

Note that the perfect tense is not normally used to refer to completed actions which took place in a more distant past which is unrelated to the present, such as *yesterday, last week, on Wednesday, last year, etc.* To express this we need another tense, which is called the preterite tense, or simple past in English, and which can be illustrated by examples like *I arrived yesterday, I received the letter two days ago.* This is among the points covered in Book 2.

2   Irregular past participle forms

Some verbs form the past participle in an irregular way. Of these, the most common are:

abrir (*to open*) – **abierto; decir** (*to say, to tell*) – **dicho;**
escribir (*to write*) – **escrito; hacer** (*to do, to make*) – **hecho;**
ver (*to see*) – **visto; volver** (*to return, to come back*) – **vuelto.**

He **visto** muy poco.   *I've seen very little.*
He **hecho** una reserva.   *I've made a booking.*

3   Si (if)

Si le parece bien, podemos discutir su propuesta primero.
If that seems OK to you, we can discuss your proposal first.

Creo que no está. Veré **si** ha vuelto.
I think he's out. I'll see if he's come back.

Not to be confused with **sí** (*yes*)!

4   Parecer (*to seem*)

Parecer behaves in a similar way to **gustar**, though it is rather less confusing, being more like its English equivalent:

¿Le parece bien?   *Does that seem all right to you?*
Sí, me parece muy bien.   *Yes, that seems fine to me.*

Note **¿Qué te/le parece?**   *What do you think?*

5   Demonstrative pronouns: esto, eso, aquello

You have come across masculine and feminine pronouns. There are also some neuter forms in Spanish: **esto** (*this*), **eso** (*that*) and **aquello** (*that* with a more remote sense):

¿Le parece bien eso?   *Does that seem OK to you?*

Consolidación 3

(Unidades 9-12)

1 Translation

The following letters have arrived in this morning's mail at the hotel where you work. Please call reservations and explain briefly what they want. Then write out a translation for the pending file with a note of the action you have taken. (Don't forget to date it.)

Guanajuato, 26 de mayo de 19 . . .

Park Hotel
25 Lakeshore Drive
Sunville

Muy señores nuestros:

Deseo pasar dos semanas en Sunville este verano con mi esposa y mis dos hijos, de ocho y cinco años. Les ruego enviarme información sobre los precios de las habitaciones dobles y sobre posibles rebajas para niños.

Les saluda muy atentamente.

Ricardo Mateluna

Ricardo Mateluna
Calle Las Gaviotas 452
Apto, C
Guanajuato
México

Ciudad de Guatemala a 15 de mayo

Muy Sres nuestros:

Les ruego reservar una habitación doble con baño para tres noches a partir del 4 de junio a nombre del Sr. Julio Arana Pérez.

---

2 Oral comprehension

Having done all that, (and had a well-deserved cup of coffee) you see a note coming through the fax. Read through it and inform reception about its contents.

San José a 3 de junio

Park Hotel
25 Lakeshore Drive
Sunville

TELEFAX: 02272 73 44 77 MANDO UNA SOLA PÁGINA

Muy Sres míos:

En relación con mi carta del 22 de mayo en la que he pedido una reserva para la noche del 15 de junio, quisiera cambiar esta fecha al 17 sin cambiar los otros detalles de la reserva contenidos en mi carta.

Atentamente

Richard Smith

---

3 Letter-writing

Answer the specific enquiry in Sr. Mateluna's letter. Quote the price of a double room and add that there is a good room for children which overlooks the play area. Add that the price includes breakfast and that there is a 10 per cent reduction for children in the month of July.

4 Oral

You are talking to a colleague about his daily routine. Complete your part of the conversation using the familiar **tú** form:

Pregunta   ¿A qué hora te levantas?

Respuesta   Me levanto a eso de las ocho.

Pregunta   ....

Respuesta   Salgo de casa alrededor de las nueve.

Pregunta   ....

Respuesta   Vengo a la oficina en el coche. Es más rápido y más económico y tengo mi propio aparcamiento.

Pregunta   ....

Respuesta   Normalmente vuelvo a casa alrededor de las seis de la tarde.

Pregunta   ....

Respuesta   Por la noche veo la televisión o leo, a veces voy a casa de algún amigo.

Pregunta   ....

Respuesta   Ceno a las ocho y media, más o menos.

Pregunta   ....

Respuesta   Me acuesto siempre después de las doce.

5 Oral

Now answer the same question about your own daily activities, using some extra phrases:

> **generalmente/normalmente/siempre/nunca**
>
> **a eso de las ocho/alrededor de las ocho/a las ocho más o menos**
>
> **Tomo el tren/tomo el autobús/voy a pie/tengo que andar bastante**
>
> **la parada está cerca/lejos/enfrente de mi casa**
>
> **Voy al cine/al teatro/a tomar unas copas/a jugar voleibol/a jugar squash/ al centro de deportes/a hacer footing**

6 Summary

Your boss is travelling to Texas and then driving down into Mexico. He has been sent a brochure by the Mexican Tourist Office containing details of how to obtain a tourist card and giving advice about driving. Read it through and explain what it says.

> ### VIAJANDO POR MEXICO
>
> **LAS TARJETAS DE TURISMO** son fáciles de obtener y se pueden adquirir en todos los puestos fronterizos. Pero para evitar problemas es conveniente obtenerlas con antelación en el Consulado o la Oficina de Turismo más cercana. Si usted viene a México, no como turista, sino por razones de negocios o como estudiante, debe consultar al Consulado mexicano más cercano.

SI VIAJA EN COCHE, el carnet de conducir de su país también es válido en México. En caso de que tenga problemas mecánicos, La Patrulla de Carreteras "Los Angeles Verdes" cubre las principales rutas del país durante el día.

SEGURO PARA COCHES. Su póliza de seguro no es válida para México. Al entrar al país debe obtener de una firma mexicana un seguro contra todo riesgo. El precio del seguro es el mismo en todo el país.

GASOLINA. En las estaciones de gasolina es conveniente quedarse junto a su coche mientras llenan el depósito de la gasolina. Toda la gasolina en México es marca PEMEX y hay dos tipos: PEMEX NOVA, de 81 octanos y PEMEX EXTRA, de 94 octanos.

SEGURIDAD ANTE TODO. Es conveniente llevar el dinero en cheques de viaje, que se pueden cambiar fácilmente en toda la República. Y no hay que olvidar ponerlos en un lugar seguro si los deja en el hotel al salir.

7 Oral summary

Look at the notes for the coming week and explain to your assistant what your commitments are likely to be:

Lunes 12

Confirmar precios para el presupuesto

Mandar informe para PROBELLSA

Ver los planos de la nueva oficina

Martes 13

Terminar presupuesto para la sección de finanzas

Escribir la carta para UNIPALANCA

Comida con Juan 2 pm

Miércoles 14

Visita del Sr. Albornoz 10.30

Entrevistas para la nueva secretaria 4-6.30

Jueves 15

Madrid (¿Billete confirmado?)

Viernes 16

Autorizar facturas

Firmar cartas

- As the boss, use the *voy a* construction to outline your plans.
- As the assistant, confirm these activities using the *ará/erá/irá* form of the Future tense.
- As the assistant, point out that you have already done the tasks outlined for Monday and that he has already done the items listed for Friday.

Grammar summary

1 Definite and indefinite articles (*the, a/an*)

	Definite	Indefinite
m sing	**el**	**un**
f sing	**la**	**una**
m pl	**los**	**unos**
f pl	**las**	**unas**

In the plural, **unos, unas** translates as *some*.

2 Nouns

Masculine and feminine
Most nouns ending in **–o** are masculine and most of those ending in **–a** are feminine.

Masculine	Feminine
el pasajero *passenger*	**la casa** *house*
el aeropuerto *airport*	**la fábrica** *factory*

Common exceptions: **el día** *day*, **el mapa** *map*, **la mano** *hand*, **la radio** *radio*.

Invariable forms: **–ista, –nte**

> **el recepcionista, la recepcionista** *receptionist*
> **el gerente, la gerente** *manager*

But note: **el dependiente, la dependienta** *shop assistant*.

Masculine nouns and their feminine equivalents

Change –**o** into –**a** or add an –**a** to the final consonant:

> **el secretario** (m), **la secretaria** (f) *secretary*
> **el director** (m), **la directora** (f) *director*

Plural of nouns

a Nouns which end in a vowel normally add –**s** to form the plural.

el teléfono *telephone*	**los teléfonos** *telephones*
la calle *street*	**las calles** *streets*

b Nouns which end in a consonant add –**es**.

el hotel *hotel*	**los hoteles** *hotels*
la ciudad *city*	**las ciudades** *cities*

c The masculine plural of some nouns may be used to refer to members of both sexes.

el padre *father*	**los padres** *parents*
el hermano *brother*	**los hermanos** *brothers and sisters*

3 Adjectives

Adjectives normally follow the noun and they must agree in gender and number with the noun they describe.

un producto español	*a Spanish product*
unos productos españoles	*some Spanish products*
una empresa española	*a Spanish company*
unas empresas españolas	*some Spanish companies*

Adjectives which end in a letter other than –**o** or –**a** have similar forms for masculine and feminine.

Es un empleado responsable.	*He is a responsible employee.*
Es una persona responsable.	*He is a responsible person.*

Adjectives form the plural in the same way as nouns.

Comparative forms of adjectives

Es grande. *It is big.*	**Es más grande.** *It is bigger.*
Es cómodo. *It is comfortable.*	**Es más cómodo.** *It is more comfortable.*

4 Adverbs

Adjective	Adverb
rápido *quick*	**rápidamente** *quickly*
suave *soft*	**suavemente** *softly*
actual *present*	**actualmente** *presently*

5 Demonstratives (this, that, these, those)

	Masculine	Feminine	
sing	**este**	**esta**	*this*
pl	**estos**	**estas**	*these*
sing	**ese**	**esa**	*that*
pl	**esos**	**esas**	*those*
sing	**aquel**	**aquella**	*that* (further away)
pl	**aquellos**	**aquellas**	*those* (further away)

Neuter forms	
esto *this*	**¿Qué es esto?** *What is this?*
eso *that*	**¿Qué es eso?** *What is that?*
aquello *that*	**¿Qué es aquello?** *What is that?*

Note the use of the accent on the first **e** of the masculine and feminine forms when they are used as pronouns:

Esta casa es mía, ésa es la de mi hermana.
This is my house, that one is my sister's.

6 Possessive adjectives (my, your, his, her, etc.)

> **mi/mis** *my*
> **tu/tus** *your* (fam.)
> **su/sus** *your* (pol.), his, her, its
> **nuestro/nuestra/nuestros/nuestras** *our*
> **vuestro/vuestra/vuestros/vuestras** *your*
> (fam.)
> **su/sus** *your* (pol.), *their*

7 Possessive pronouns (mine, yours, his, hers, etc.)

mío/mía/míos/mías	*mine*
tuyo/tuya/tuyos/tuyas	*yours* (fam.)
suyo/suya/suyos/suyas	*yours* (pol.), *his, hers, its*
nuestro/nuestra/nuestros/nuestras	*ours*
vuestro/vuestra/vuestros/vuestras	*yours* (fam.)
suyo/suya/suyos/suyas	*yours* (pol.), *theirs*

Note the agreement in: **Este dinero es mío.** *This money is mine;* **Esta cartera es mía.** *This briefcase is mine;* **Éstas son mías.** *These are mine.*

8 Pronouns

a Subject (I, you, he, she, etc.)

Singular		Plural	
yo	*I*	**nosotros/as**	*we* (m/f)
tú	*you* (fam.)	**vosotros/as**	*you* (fam., m/f)
usted	*you* (pol.)	**ustedes**	*you* (pol.)
él	*he*	**ellos**	*they* (m)
ella	*she*	**ellas**	*they* (f)

Latin Americans do not use the **vosotros** form. Instead, they use **ustedes**, without differentiating between familiarity and formality.

b Object ((to) me, (to) you, (to) us, etc.)

These words are called object pronouns, and they can be direct objects, as in *He helps me/us.* **Me/Nos ayuda.** *I want it.* **Lo/La quiero**; or indirect objects, as in *He gives me/us the money.* **Me/Nos da el dinero** (*the money* is the direct object), *I have asked them a question* **Les he hecho una pregunta** (*a question* is the direct object). In Spanish, in the first and second person singular and the first and second person plural, direct and indirect objects coincide.

me	*me, to me*
te	*you, to you* (fam.)
nos	*us, to us*
os	*you, to you* (fam.)

In the third person singular and plural, e.g. *I need him/her/it/them, I have given it to him/to her/to it/to them,* direct and indirect object pronouns differ:

Direct object pronouns

Singular	lo	*him, you, it* (m)
	la	*her, you, it* (f)
Plural	los	*them, you* (m)
	las	*them, you* (f)

In Madrid and parts of central Spain, you are more likely to hear **le, les** (*him, them*) instead of **lo, los** for human males, which is also correct, e.g. **Yo le/lo conozco.** *I know him.* An easier rule to remember when using the masculine form of direct object pronouns is the following:

Use **lo, los** for things and **le, les** for people.

Indirect object pronouns

Singular	le	*him, to him, her, to her, you, to you* (pol.), *it, to it*
Plural	les	*them, to them, you, to you* (pol.)

Les he dicho la verdad. *I have told them the truth.*

9 Verbs

Present and future tense

Tense	Conjugation	Endings	Example
Present		Add to stem:	
	-ar	**o, as, a,** **amos, áis, an**	**Yo hablo**
	-er	**o, es, e,** **emos, éis, en**	**Yo como**
	-ir	**o, es, e,** **imos, ís, en**	**Yo vivo**
Future		Add to the infinitive:	
	-ar	**é, ás, á,** **emos, éis, án**	**Yo hablaré**
	-er		**Yo comeré**
	-ir		**Yo viviré**

Perfect tense

> (Present tense of **haber** + past participle: **–ado** for
> **–ar** verbs, **–ido** for **–er** and **–ir** verbs).
>
> | | |
> |---|---|
> | he | **hablado/comido/salido** |
> | has | **hablado/comido/salido** |
> | ha | **hablado/comido/salido** |
> | hemos | **hablado/comido/salido** |
> | habéis | **hablado/comido/salido** |
> | han | **hablado/comido/salido** |

10 Irregular verbs

> **estar** (*to be*)
> **estoy, estás, está, estamos, estáis, están**
>
> **ser** (*to be*)
> **soy, eres, es, somos, sois, son**
>
> **tener** (*to have*)
> **tengo, tienes, tiene, tenemos, tenéis, tienen**
>
> **ir** (*to go*)
> **voy, vas, va, vamos, vais, van**

11 Reflexive verbs

> **(yo) me llamo**
> **(tú) te llamas**
> **(usted, él, ella) se llama**
> **(nosotros/as) nos llamamos**
> **(vosotros/as) os llamáis**
> **(ustedes, ellos, ellas) se llaman**

12 Prepositions

Direction and destination

a Madrid	*to* Madrid
desde Sevilla	*from* Seville
para Barcelona	*for* Barcelona
para usted	*for* you

Time and duration

a las tres	*at* three o'clock
para tres noches	*for* three nights
para mañana	*for* tomorrow
por la tarde	*in* the afternoon
después de salir	*after* leaving
antes de empezar	*before* starting

Place

a cinco minutos **de** aquí	five minutes *from* here
a la izquierda/derecha	*on* the left/right
en la oficina	*in/at* the office
en el cuarto piso	*on* the fourth floor
entre el banco y Correos	*between* the bank and the post office
por aquí	*around* here

Transcripts of Listening Comprehensions (Ejercicios de comprensión)

Unidad 1

Funcionario ¿Su nombre, por favor, señorita?
Patricia   Me llamo Patricia Martin.
Funcionario ¿Y su nacionalidad?
Patricia   Soy británica.
Funcionario ¿Cuál es su actividad aquí en España?
Patricia   Soy representante de una compañía británica de transportes.
Funcionario ¿En Madrid?
Patricia   Sí, aquí en Madrid.
Funcionario ¿Cómo se llama la empresa?
Patricia   Se llama Transeuropa.

Unidad 2

Sr. García   Buenas tardes. ¿Es usted el señor Ricardo Molina?
Sr. Molina   Sí, soy yo.
Sr. García   Yo soy Carlos García, de Comercial Hispana.
Sr. Molina   Encantado de conocerle, señor García.
Sr. García   Mucho gusto. ¿Cómo está usted?
Sr. Molina   Muy bien, gracias.
Sr. García   Usted es mexicano, ¿verdad?
Sr. Molina   Sí, soy mexicano.
Sr. García   ¿Y de qué parte de México es?
Sr. Molina   Soy de Guadalajara, pero ahora estoy en la Ciudad de México. Soy gerente de una compañía de exportación de productos químicos.
Sr. García   ¡Qué interesante! ¿Está usted aquí de vacaciones?
Sr. Molina   Sí, estoy de vacaciones con mi esposa y mis dos hijos.
Sr. García   ¿Y en qué hotel están?
Sr. Molina   En el Hotel Alfonso XIII, en la Avenida de la Castellana.

Sr. García   Es un hotel excelente.
Sr. Molina   Sí, es muy bueno.

Unidad 3

(a) ¡Hola! ¿Qué hay? Mi nombre es María José Suárez, soy de Burgos, tengo veintiséis años, estoy casada y tengo una hija de dos años. Yo vivo en un pequeño apartamento en las afueras de Burgos, en la Calle General Mola, 98. Actualmente trabajo como secretaria bilingüe en una empresa de productos metálicos. Mi marido es mecánico y trabaja en una compañía de transportes.

(b) ¡Qué tal! Yo me llamo Miguel López, soy madrileño, tengo veintiún años y estudio Derecho en la Universidad de Madrid. Estoy soltero y vivo con mi familia: mi padre, mi madre y mis dos hermanos, en un pequeño piso en el centro de Madrid. Mi padre es contable y trabaja en unos grandes almacenes. Mi madre es ama de casa.
    El menor de mis hermanos, Carlos, tiene dieciséis años y estudia en un instituto. José, que tiene diecinueve años, estudia en una Academia de Artes.

Unidad 4

El Polígono Industrial Figueras está situado a sólo 24 km de la frontera francesa y a 90 minutos del centro de Barcelona. El aeropuerto más cercano es el de Gerona, a una distancia de 45 km. Las comunicaciones por ferrocarril son excelentes. La estación más próxima es la de Gerona que está a 4 km. Además, hay un servicio regular de autobuses entre el Polígono y Figueras.
    En el Polígono Industrial Figueras hay un banco, la Banca Catalana, para todo tipo de operaciones bancarias. Otros servicios incluyen un buen restaurante y una gran cafetería, además de una zona de aparcamiento público con capacidad para más de doscientos vehículos y una gasolinera a sólo 3 km de distancia. En el Polígono Industrial Figueras hay extensas zonas verdes destinadas al público, que hacen mucho más atractivo el lugar.

Consolidación 1

Antonio   Bueno, me llamo Antonio Encina, soy español.
Entrevistadora   ¿De dónde?

Antonio De Cáceres.
Entrevistadora ¿Cuántos años tienes?
Antonio Tengo 28 años y estoy soltero.
Entrevistadora Y ¿dónde vives?
Antonio Vivo en Cáceres, en la Avenida del Sol 38.
Entrevistadora ¿En un piso?
Antonio Sí, es un piso.
Entrevistadora ¿En qué trabajas?
Antonio Soy agente de publicidad y trabajo en una firma en las afueras de Cáceres.
Entrevistadora Y ¿cómo es tu trabajo?
Antonio ¿Mi trabajo?
Entrevistadora Sí.
Antonio Bueno, trabajo 35 horas de lunes a viernes. Entro a las 9.30 de la mañana y termino a las 4.30. Almuerzo, generalmente, en el restaurante de la compañía.
Entrevistadora ¿Y tus vacaciones?
Antonio Mis vacaciones, pues… tengo cuatro semanas de vacaciones por año. Normalmente las tomo en el verano, en el mes de agosto. Voy a la Costa del Sol o al extranjero, como Francia o Inglaterra.
Entrevistadora ¿Hablas idiomas?
Antonio Sí, hablo francés un poco y por las tardes asisto a clases de inglés en una academia de idiomas que está bastante cerca de mi casa. Tengo seis horas de clases por semana [*bastante ¿no?*…] sí, pero quiero aprender… los lunes, miércoles y viernes de 7.00 a 9.00.
Entrevistadora ¿En qué nivel estás?
Antonio Estoy en el curso avanzado.
Entrevistadora Y ¿qué haces en tus momentos libres?
Antonio Cuando no tengo clases voy al cine o salgo con mis amigos… a veces me quedo en casa, oigo la radio, leo el periódico o algún libro interesante.

Unidad 5

(a) **Señor 1** Perdone. ¿Hay algún banco por aquí?
Empleada Sí, hay uno al final de la calle de Nuestra Señora del Carmen, esquina de Jaime I.
Señor 1 Gracias.
Empleada De nada.

(b) **Señora** ¿Dónde está Correos, por favor?
Empleada Está en la Calle del Sol, entre la Avenida Argentina y la Calle Calvo Sotelo.
Señora ¿Está muy lejos?
Empleada Está a unos diez minutos de aquí.
Señora Gracias. Adiós.

(c) **Señor 2** Buenos días. ¿Dónde está la Telefónica?
Empleada La Telefónica está un poco lejos de aquí. Está al final de la Avenida Francia, enfrente de la Plaza España.
Señor 2 ¿Hay algún autobús para la Plaza España?
Empleada Sí, el número doce pasa por la Plaza España.
Señor 2 ¿Dónde está la parada?
Empleada Está a la izquierda, al otro lado de la calle.
Señor 2 Muchas gracias.
Empleada No hay de qué.

Unidad 6

Empleado ¡Hola!
Usted Hola. ¿Qué tal?
Empleado Mira, aquí hay un recado de un señor Cristóbal Valdés que quiere una reserva para Madrid, para el lunes catorce de mayo, en el vuelo de Iberia que sale a las 9.00 de la mañana.
Usted ¿Y si no hay plazas para ese vuelo… ?
Empleado Pues, en ese caso le reservamos una plaza para el martes o miércoles a la misma hora. Él tiene que estar en Madrid antes del dieciocho de mayo.
Usted ¿Y la vuelta para cuándo es?
Empleado Para el tres de junio.
Usted ¿Es un billete solamente?
Empleado Sí, es uno. Y tiene que ser en primera clase.
Usted De acuerdo.
Empleado También hay que confirmar una reserva de dos pasajeros, el señor Agustín Ramos y la señora Silvia Ramos, para Nueva York. La salida es el sábado dos de julio a las 11.30 de la mañana, clase turista, en Aeroméxico.
Usted Sábado dos de julio a las 11.30 de la mañana.
Empleado Eso es.

Usted ¿Y la fecha de regreso está confirmada?
Empleado Sí, es para el siete de agosto, a las 19.30, también en Aeroméxico.
Usted De acuerdo. ¿Algo más?
Empleado No, eso es todo.

Unidad 7

El Banco de Crédito Mexicano, fundado en el año 1954, es actualmente una de las instituciones financieras más importantes del país. Sus trescientas cuarenta oficinas emplean a 22 mil hombres y mujeres al servicio de la vida económica de México, tanto en la industria, agricultura y ganadería como en el comercio.

Para satisfacer los requerimientos de una población cada vez más extensa, el Banco de Crédito Mexicano ofrece rápidos y modernos servicios a sus clientes, pago de cheques por computadora, autoservicio de depósitos, ahorro electrónico y servicios en su coche.

Nuestra institución tiene oficinas en el extranjero: en Nueva York, Los Angeles, Londres, Madrid y Tokio. Entre nuestros proyectos de expansión está la creación de tres oficinas más en los dos próximos años: en Frankfurt, en Roma y en Singapur, además de la creación de nuevas sucursales en el interior de la República.

Uno de los objetivos principales del Banco de Crédito Mexicano es contribuir al desarrollo de la nación mexicana a través de la concesión de créditos a particulares, empresas y otras entidades responsables que soliciten nuestros servicios.

Unidad 8

1 **Recepcionista** ¿Prefiere usted una habitación interior o exterior?
Viajero Prefiero una exterior, con vista al mar si es posible.
Recepcionista Perfectamente. La habitación 214 está libre.

2 **Viajero** Buenos días. ¿Cómo se puede ir desde aquí a San Sebastián?
Empleado Puede viajar en tren o en autocar.
Viajero Prefiero el tren. Es más cómodo. ¿Puedo hacer la reserva en esta agencia?
Empleado No, tiene que ir a la estación que está enfrente.
Viajero Gracias.

3 **Camarero** ¿Qué van a tomar?
Señorita Dos bocadillos de queso.
Camarero ¿Y para beber?
Señorita Un agua mineral con gas y un café con leche.

4 **Anuncio** Atención por favor. Iberia anuncia la salida de su vuelo 573 con destino a Caracas. Se ruega a los señores pasajeros embarcar por la puerta de salida número 12.

5 **Empleada** ¿Qué desea?
Cliente Quisiera cambiar veinte libras a pesetas. ¿A cómo está el cambio?
Empleada ¿Tiene billetes o cheques?
Cliente Tengo billetes.
Empleada El cambio está a 224.

Unidad 9

1 **Entrevistadora** Buenas tardes, señor. Usted está de visita aquí en Londres, ¿verdad?
Turista Sí, estoy aquí de vacaciones.
Entrevistadora ¿De dónde es usted, señor?
Turista Soy mexicano, de Veracruz.
Entrevistadora ¿Es ésta la primera vez que viene a Inglaterra?
Turista No, ésta es mi tercera visita. Vine aquí en el año 1980 por primera vez y al año siguiente volví otra vez.
Entrevistadora ¿Le gusta a usted Londres?
Turista Sí, a mí Londres me gusta muchísimo. Es una ciudad cosmopolita y con una vida cultural muy rica.
Entrevistadora ¿Qué es lo que más le gusta de la ciudad?
Turista Sus parques, sus monumentos y, naturalmente, sus espectáculos. Yo soy un gran aficionado al teatro y pienso que el teatro inglés es uno de los mejores.

Entrevistadora   ¿Hay algo que no le gusta de Londres?
Turista   Pues sí. Me parece una ciudad muy cara, especialmente los hoteles, la comida y el transporte. Son carísimos y eso, claro, para el turista es un problema serio.
Entrevistadora   Muchas gracias, señor, y buenas vacaciones.
Turista   Gracias. Adiós.
Entrevistadora   Adiós.

2   (1)   Soy Julia Arellano, de Valladolid. Quiero hablar urgentemente con el señor Smith. Por favor dígale que puede llamarme al Hotel Intercontinental, mañana entre las 9.00 y las 10.00. Estoy en la habitación 510. Gracias.

(2)   Buenas tardes. Soy Alfredo Ahumada de Industrias Monterrey en México. Haga el favor de decirle al gerente que no puedo verle mañana a las 2.00. Por motivos personales tengo que volver inmediatamente a mi país.

(3)   Le llamo de parte del señor Juan Guzmán de Madrid para confirmarle su fecha de viaje a Londres. Sale el próximo miércoles 25 en el vuelo 701 de Iberia que llega al aeropuerto de Heathrow a las 11.00 de la mañana. Pueden llamarle al Hotel Savoy a partir de las 2.00 de la tarde.

Unidad 10

Entrevistador   ¿Cuál es el horario de trabajo en su empresa?
Gerente   Nuestra jornada de trabajo empieza a las nueve de la mañana y continúa sin interrupción hasta la una, que es la hora de la comida. Los empleados que viven cerca de la firma vuelven a sus casas a comer, pero también tenemos aquí una cafetería para aquéllos que no desean regresar a sus casas, ya sea porque viven muy lejos o por algún otro motivo. En la cafetería pueden comer a precios más reducidos que en un restaurante, ya que la empresa da una subvención anual a este tipo de servicio.
      Por la tarde se trabaja desde las tres hasta las siete. Ahora, durante el verano tenemos una jornada intensiva, es decir, comenzamos a las ocho de la mañana y terminamos a las cinco, con una hora para comer entre la una y las dos.
Entrevistador   ¿Cuántos días a la semana se trabaja?
Gerente   La semana laboral es de cinco días, de lunes a viernes.
Entrevistador   ¿Cuántas semanas de vacaciones tienen los empleados?
Gerente   Eso depende del tiempo de servicio en la empresa. Pero hay un mínimo de cuatro semanas.
Entrevistador   ¿Qué otros beneficios ofrece la empresa?
Gerente   Los empleados pueden adquirir nuestros productos a precios reducidos. Además, tenemos un centro de deportes para el uso del personal y de sus familias y entre nuestros planes está la creación de un centro de vacaciones en la Costa Blanca.

Unidad 11

1   **Isabel**   Buenas tardes.
Representante   Buenas tardes, Isabel. Quisiera informarle sobre mis planes de viaje a Sudamérica en caso de que necesite ponerse en contacto conmigo. Pues bien, voy a salir de aquí el 2 de febrero. Mi primera escala es Caracas donde voy a estar cinco días, del 2 al 7 de febrero. Pienso dejar un día para visitar Maracaibo.
      En Caracas voy a alojarme en el Hotel Bolívar. De Caracas voy a viajar a Bogotá. Mis planes son estar allí dos días solamente, es decir, el 8 y el 9. Tengo una habitación reservada en el Hotel Los Andes.

El 10 de febrero salgo para Lima. La reserva de hotel todavía no está confirmada, pero espero quedarme en el Hotel Inca los días 10, 11 y 12.
      El mismo día 12 por la noche me voy a Santiago de Chile. Allí voy a estar en casa de unos amigos chilenos, el señor y la señora Figueroa. Su número de teléfono es el 37 30 14. El vuelo de Santiago a Buenos Aires aún no está confirmado, pero es muy probable que sea para el 16. Mi intención es estar en Buenos Aires desde el 17 hasta el 20 y volver aquí el día 21. Allí tengo una reserva en el Hotel la Plata.

2   Señoras y señores, buenos días. Yo soy Enrique Baeza, Secretario General de la Cámara de Comercio local. En nombre del Presidente del Tercer Congreso Internacional para el Comercio y el Desarrollo, les doy la más cordial bienvenida a nuestra ciudad. Esperamos que disfruten de su estancia y que la asistencia a este Congreso sea beneficiosa para todos.
      Aparte de las actividades propias del Congreso, tenemos programada una serie de actos a los que están invitados todos los asistentes y sus acompañantes.
      Mañana martes 23, a las 12.30, por invitación especial del Presidente de este Tercer Congreso Internacional, Don Alberto Barrios, va a tener lugar un cóctel de bienvenida en los salones del Club de la Unión.
      Por la noche, a las 21 horas, están todos invitados a la cena de bienvenida que ofrece la Municipalidad local en el Hotel Intercontinental.
      El miércoles 24, a las 11.30 de la mañana tenemos programada una visita de inspección al nuevo complejo industrial MEXIPLAN. El organizador de esta visita y nuestro anfitrión en esta oportunidad será el Vice-Presidente de la Confederación de Industria y Comercio, Sr. Raúl Moreno.
      A las 14.00 horas del jueves 25 vamos a visitar el Museo Nacional de Antropología por invitación especial del Director de dicha institución, Dr. Nicolás Arroyo. El viernes 26, a las 18.30 vamos a …

Unidad 12

Sr. Ventura   Buenos días, señora Aguirre. ¿Cómo está?
Sra. Aguirre   Muy bien, ¿y usted?
Sr. Ventura   Bien, gracias. Me alegro de verla otra vez. ¿Cuánto tiempo hace que está en Zaragoza?
Sra. Aguirre   He llegado hace un par de horas solamente. Primero he ido al hotel, he desayunado y luego he venido aquí.
Sr. Ventura   ¿En qué hotel está?
Sra. Aguirre   En el hotel El Pilar.
Sr. Ventura   Es un hotel estupendo.
Sra. Aguirre   Sí, no está nada mal. He estado allí varias veces.
Sr. Ventura   ¿Ha venido en coche?
Sra. Aguirre   No, he venido en tren. Es más cómodo y más económico.
Sr. Ventura   Sí, sí, desde luego. ¿Y hasta cuándo va a estar en Zaragoza?
Sra. Aguirre   Tendré que regresar a Madrid mañana por la tarde. He hecho una reserva para el tren de las cuatro.
Sr. Ventura   ¡Qué lástima que se vaya tan pronto! Espero que podamos comer juntos hoy. He reservado una mesa para las dos de la tarde en un restaurante nuevo que es excelente.
Sra. Aguirre   ¡Encantada, muchísimas gracias!
Sr. Ventura   Bueno, ¿qué le parece si hacemos el pedido ahora mismo?
Sra. Aguirre   Sí, sí, por supuesto.
Sr. Ventura   Bueno, voy a llamar a mi secretaria para que tome nota.

Vocabulary

A

a to, at
abogado (*m*) lawyer
abrebotellas (*m*) bottle opener
abrir to open
abuelos (*m pl*) grandparents
aceite de oliva (*m*) olive oil
aceituna (*f*) olive
acentuarse to increase
acero (*m*) steel
acompañamiento (*m*) complement (food)
acordar to agree
acordarse to remember
acorde con in accordance with
acostarse to go to bed
actitud (*f*) attitude
actividad (*f*) activity
actual present
actualmente at present, now
actuar to work, to perform, to behave
acuerdo (*m*) agreement
  de acuerdo agreed, that's fine
  de acuerdo a according to
  de acuerdo con in accordance with
acuerdo comercial (*m*) commercial agreement
acusar recibo de to acknowledge receipt of
además moreover, besides
adiós goodbye
adjuntar to enclose
adonde where (to)
aduana (*f*) customs
aeropuerto (*m*) airport
afición (*f*) interest, liking
afluencia (*f*) number, inflow, influx
afueras (*f pl*) outskirts
agradable pleasant
agradecer to thank
agravarse to worsen
agrícola agricultural
ahora now
ahora mismo right now
ahorrar to save

aire (*m*) air
aire acondicionado (*m*) air conditioning
alberca (*f*) swimming pool (Méx.)
albergue juvenil (*m*) youth hostel
alcanzar to reach, to achieve, to obtain
alegrarse to be glad
alemán (*m*) German
algo something
algodón (*m*) cotton
algún some, any
alimento (*m*) food
alimenticio food
allí there
almacén (*m*) warehouse, store
almacenamiento (*m*) storage
almorzar to have lunch, to lunch
almuerzo (*m*) lunch
alojamiento (*m*) lodging, accommodation
alquiler (*m*) rent
alrededor de around, about
alto tall
alumno (*m*) pupil, student
alzacristales eléctrico (*m*) electric windows
ama de casa (*f*) homemaker
amarillo yellow
ambiente de trabajo (*m*) working environment
ambos both
amigo (*m*) friend
amplio large, big, spacious, wide, extensive
analfabetismo (*m*) illiteracy
ancho wide
anchura (*f*) width
andén (*m*) platform
antelación (*f*) precedence, priority
anteriormente before, previously
antigüedad (*f*) age
antiguo old, senior, veteran
antipático unpleasant
anualmente yearly
anunciar to announce
año (*m*) year
año en curso (*m*) current year

Año Nuevo (*m*) New Year
año pasado (*m*) last year
aparcamiento (*m*) parking
aparcar to park
apartado de correos (*m*) post-box
aparte de apart from
apellido (*m*) last name, family name
aportar to bring, provide
apoyacabezas (*m*) headrest
apoyar to support, to back
apoyo (*m*) support
apreciar to appreciate
apropiado right, appropriate
aprovechar to make good use of
apuntes (*m pl*) notes
aquel (*adj*) that
aquél (*pron*) that
aquello (*pron neut*) that
aquí here
argentino Argentinian
armamentos (*m pl*) armaments
armario (*m*) cupboard
arreglar to fix, to arrange
arquitecto (*m*) architect
arroz (*m*) rice
artesanía (*f*) handicraft
artículo (*m*) article
asado roast
ascensor (*m*) elevator
asegurado insured
asegurador: grupo – (*m*) insurance group
asegurar to assure
asesorar to advise
así como as well as
asistir to attend, to be present
asumir to take over
asumir un papel to take on/assume a role
atento kind, polite
aumentar to increase, to rise
aumento (*m*) increase
aún yet, still, as yet
aun even
aunque although, even though, if
ausencia (*f*) absence
autocar (*m*) coach
autopista (*f*) highway
autovía (*f*) main road, trunk road
avanzado advanced
avenida (*f*) avenue
avería (*f*) breakdown
avión (*m*) airplane
ayer yesterday
ayudante (*m*) assistant

azafata (*f*) flight attendant
azúcar (*m/f*) sugar
azul blue

B

bachillerato superior (*m*) higher certificate (A level)
baile (*m*) dance
bajar to go down
bajo short
balanza de pagos (*f*) balance of payments
banco (*m*) bank
bandeja (*f*) tray
barato cheap
barco (*m*) ship
barrio (*m*) neighbourhood
bastante quite, enough
batería de cocina (*f*) pots and pans
beber to drink
bechamel (*f*) bechamel sauce
Bélgica (*f*) Belgium
bilingüe bilingual
bocadillo (*m*) sandwich
boletín (*m*) bulletin, form
boleto (*m*) ticket (Latin Am)
bolso (*m*) handbag, pocket
bonito pretty, nice
boquerón (*m*) (fresh) anchovy
bote (*m*) jar
botones (*m inv*) office boy, bell boy
británico British
bruto gross
buenas noches good evening, good night
buenas tardes good afternoon
bueno good, well
buenos días good morning
busca (*f*) search

C

caballero (*m*) gentleman
cabina telefónica (*f*) telephone box
cada each, every
cada vez más more and more
caja (*f*) box, cashier's desk
calamar (*m*) squid
calcetines (*m pl*) socks
calefacción (*f*) heating
calidad (*f*) quality
calle (*f*) street
calor (*m*) heat
calzado (*m*) footwear
cama (*f*) bed
cambiar to change
cambio (*m*) change

en cambio   on the other hand
camión (*m*)   lorry, truck
camisa (*f*)   shirt
campesino (*m*)   farm worker, labourer
campo (*m*)   country, field, stadium
canadiense   Canadian
cantidad (*f*)   quantity
cantina (*f*)   cafeteria
capacidad (*f*)   capacity
capital (*m*)   capital (commercial)
capital (*f*)   capital (city)
cargo (*m*)   job, position
   a cargo de   charged to
carne (*f*)   meat
carnet de conducir (*m*)   driver's licence
carretera (*f*)   road
carta (*f*)   letter, menu, card
carta: a la –   a la carte
cartera (*f*)   briefcase, wallet
casa (*f*)   house, home, firm
   en casa   at home
casa de cambio (*f*)   bureau de change
casado   married
casi   almost
caso: en ese –   in that case
castellano (*m*)   Spanish (Castilian)
causa (*f*)   cause
   a causa de   on account of
causar   to cause, to create (impression)
cazo (*m*)   saucepan
cebada (*f*)   barley
cena (*f*)   dinner
cenar   to dine, to have supper
centeno (*m*)   rye
centro (*m*)   centre, downtown
centro de convenciones   convention or
   conference centre
centro hospitalario (*m*)   hospital
cerca   near
cercano   near, close
cerdo (*m*)   pork
cerrar   to close
certificado   registered
champiñón (*m*)   mushroom
chaqueta (*f*)   jacket
churro (*m*)   fritter
cierre (*m*)   closure
cita (*f*)   appointment
ciudad (*f*)   city, town
ciudadano (*m*)   citizen
clavo (*m*)   nail
clima (*m*)   climate
climatización (*f*)   air conditioning
coberta (*f*)   cover

cobre (*m*)   copper
coche (*m*)   car, coach
cocina (*f*)   kitchen, cooking, cookery
código (*m*)   code
colegio (*m*)   school
colocar   to place
comedor (*m*)   dining room
comenzar   to begin
comer   to eat, to have lunch
comida (*f*)   lunch
comida rápida (*f*)   fast food
comienzos (m pl)   beginning
como   as, how
   cómo no   of course
cómodo   comfortable
compañía mixta (*f*)   mixed company
Compañía Telefónica (*f*)   telephone company
   (Spain)
compartir   to share
competencia (*f*)   competition
complejo (*m*)   complex
compra (*f*)   purchase
compras (*f pl*)   sales
común   ordinary
Comunidad Económica Europea (*f*)   European
   Economic Community
comunitario   community (*adj*)
con   with
concepto: en – de   by way of, as
concerniente (*adj*)   concerning
conducir   to drive
confección (*f*)   dressmaking
confianza (*f*)   trust
   es de toda confianza   is a reliable person
conjunta: empresa – (*f*)   joint company
conjunto   joint, group
Cono Sur (*m*)   Southern Cone
conocer   to know, to meet
consejero (*m*)   adviser
conservar   to keep
constituir   to constitute, to form, to make up
construir   to build
consumidor (*m*)   consumer
consumir   to consume
consumo (*m*)   consumption
contable (*m*)   accountant, bookkeeper
contar   to count, to explain, to relate, to tell
   contar con   to rely on, to have
contenido (*m*)   contents
contento   happy
contestador (*m*)   answer phone
contestar   to answer, to reply
contra   against
convenir   to agree

convertir   to make
convocatoria (*f*)   notice of meeting, summons, call
copa (*f*)   drink
correo (*m*)   mail
Correos   Post Office
correspondencia certificada (*f*)   registered mail
correspondiente   corresponding
corriente   current, current month
cortafiambres (*m*)   meat slicer
cortés   courteous
corto   short
costar   to cost
costoso   expensive
crear   to create
crecimiento (*m*)   growth
creer   to think, to believe
cristales (*m pl*)   glass (of car)
cruzar   to cross
cuádruple   quadruple
cual   what, which
cualidad (*f*)   quality
cualquier   any
cuando   when
cuanto   how much, how many
   cuanto antes   as soon as possible
   en cuanto   as soon as
   en cuanto a   as for, with regard to
cuarto de baño (*m*)   bathroom
cubrir   to cover
cuenta corriente (*f*)   current account
   por cuenta ajena   on someone else's behalf
cuero (*m*)   leather
cumplir   to fulfil

D
daño (*m*)   damage
dar   to give
dar a   to look out on
dar trabajo   to employ
datos personales (*m pl*)   personal information
de   from, of, in, about, by
debido a   due to
década (*f*)   decade
decidirse a   to make up one's mind to
decir   to say, to tell
   es decir   that is to say, or rather
dedicación exclusiva (*f*)   full-time
dedicarse a   to devote oneself to, to work at or in, to go in for
dejar   to leave
dejar un recado   to leave a message
delante de   in front of

delantero   front
delegado de ventas (*m*)   sales representative
delgado   slim, thin
delicioso   delicious
dependencia (*f*)   dependence
dependiente (*m*)   clerk
depto. (departamento) (*m*)   department, division
derecha (*f*)   right (politics)
   a la derecha   on the right, to the right
Derecho (*m*)   Law
derechos (*m pl*)   rights
desarrollado   developed
desayunar   to have breakfast
desconocer   not to know
desconocido   unknown, stranger
descuento (*m*)   discount
desde   since, from
desde luego   certainly
desear   to wish, to want
desempeñar   to perform, to hold
desempeñar el puesto   to fill/hold the post
desempleado   unemployed
deseo (*m*)   wish
despertador (*m*)   alarm clock
después   afterwards
después de   after
destino (*m*)   destination
detalle (*m*)   detail
detrás de   behind
devolver   to return, to give back
día (*m*)   day
   Día del Trabajo   Labour Day
diariamente   daily
dieta (*f*)   travel allowance; diet
difícil   difficult
dígame   hello (telephone), can I help you?
dinero (*m*)   money
dirección (*f*)   address
   dirección asistida (*f*)   power-assisted steering
dirigirse   to direct, to address, to go
disculpar   to excuse, to forgive
discutir   to discuss
disfrutar   to enjoy
disponer   to have available
dispuesto a   willing to
distancia (*f*)   distance
distinto   different, various
diversificado   diversified
divertido   amusing
doblar   to turn, to double
doble   double
doble densidad (*f*)   double density
domiciliación bancaria (*f*)   banker's order

domicilio (*m*)   address
dominio (*m*)   fluency, command
donde   where
dormir   to sleep
dormitorio (*m*)   bedroom
ducha (*f*)   shower
dudar   to doubt
durante   during
duro   hard, strong

E
e   and
edad (*f*)   age
editorial (*f*)   publishing house
efectuar   to bring about, to carry out
ejecutivo   executive
ejemplar (*m*)   copy
ejemplo: por –   for example
ejército (*m*)   army
él   he, him
el (*m*)   the
elaborar   to prepare
electrodomésticos (m pl)   household appliances
elevado   high
embargo: sin –   however
emigración (*f*)   emigration
emocionante   exciting
empezar   to begin, to start
empleado (*m*)   employee
emplear   to employ
empresa (*f*)   business, firm
empresa pública (*f*)   public company
en   in, at, by, on
encantado   how do you do, pleased to meet you
encendedor (*m*)   lighter
encendido (*m*)   ignition
encontrarse   to meet, to find, to be situated, to be located
enfermera (*f*)   nurse
enfrentamiento (*m*)   clash
enfrente de   opposite, facing
ensalada variada (*f*)   mixed salad
entender   to understand
entonces   then
entrada (*f*)   entrance, entry, entry fee, flow
entrar   to enter
entre   between
entrega (*f*)   delivery
entregar   to hand over
entremesera (*f*)   aperitif dish
entresijos (*m pl*)   ins-and-outs
entrevista (*f*)   interview
entrevistar   to interview
enviar   to send

envío (*m*)   despatch
época (*f*)   time, period
equipo (*m*)   outfit, team
equipo: trabajo en – (*m*)   team work
escaso   scarce, little
escenario (*m*)   scene
escribir   to write
escritura (*f*)   writing
escuchar   to listen
eso, a – de   about, around
esperar   to wait, to hope, to expect
espinacas (*f*)   spinach
español   Spanish
esparcimiento (*m*)   recreation
especiero (*m*)   spice jar
esposo (*m*)   husband
esquina (*f*)   corner
establecer   to establish
establecimiento (*m*)   establishment
estación (*f*)   station
estacionamiento (*m*)   parking
estacionar   to park, to place, to station
estadísticas (*f pl*)   statistics
estado (*m*)   civil status, state
estado civil   marital status
estampilla (*f*)   stamp (Latin Am)
estaño (*m*)   tin
estar   to be
este(a)   this
estilo (*m*)   style
esto   this (*pron neut*)
estrecho   narrow
estudiante (*m/f*)   student
estudiar   to study
estupendo   wonderful, marvellous
etiqueta (*f*)   label
exactamente   that's right
existencias (*f pl*)   stock
expedido   issued
experimentar   to experience
explotar   to exploit, to tap
exquisito   delicious
exterior (*m*)   overseas
extranjero (*m*)   foreigner
   al extranjero   abroad

F
fábrica (*f*)   factory
fabricar   to manufacture, to make
fácil   easy
factura (*f*)   invoice, bill
facultad (*f*)   faculty
falta (*f*)   lack
   hacer falta   to be necessary

fecha (*f*)   date
ferrocarril (*m*)   railway
ferroviario   railway (*adj*)
festivo   holiday
ficha (*f*)   token
fijo   fixed
filial (*f*)   subsidiary, associated company
final (*m*)   end
  al final de   at the end of
finanzas (*f pl*)   finances
firma (*f*)   firm, company, signature
firmar   to sign
flan (*m*)   creme caramel
flota (*f*)   fleet
folleto (*m*)   brochure
footing (*m*)   jogging
formación (*f*)   training
formulario (*m*)   form
francés   French
frente (*m*)   front
  al frente de   in charge of
  frente a   as opposed to
frigorífico (*m*)   refrigerator
fruta del tiempo (*f*)   seasonal fruit
frutero (*m*)   fruit bowl
fuente (*f*)   source, fountain, dish
fuertemente   strongly
función (*f*)   duty
fundado   founded

G
ganar   to earn
gaseosa (*f*)   fizzy drink
gasolina (*f*)   petrol
gasto (*m*)   cost, expense
gasto público (*m*)   public expenditure
gente (*f*)   people
gerente (*m*)   manager
gestión (*f*)   management
gestión financiera (*f*)   financial performance
gestionar   to manage, to procure, to arrange
gordo   fat
gracias (*f pl*)   thank you, thanks
gracias a   thanks to
gran   great
grande   big, large, great
gratis   free
grato   pleasing
  me es muy grato   it's a pleasure for me, I'm
    pleased to
gris   grey
grueso   thick, bulky
guardería infantil (*m*)   day-care centre
guarnición (*f*)   garnish

guisar   to cook
gustar   to like, to please
gusto (*m*)   taste, liking

H
habitación (*f*)   room, bedroom
habitante (*m*)   inhabitant
habla (*f*)   language, speech
  de habla española   Spanish-speaking
hablar   to speak
hacer   to make, to do
hacer frente   to face
hacia   towards
hamburguesa (*f*)   hamburger
hasta   until, till, even, as far as
hay   there is, there are
hecho (*m*)   fact
helado (*m*)   ice–cream
hermana (*f*)   sister
hermano (*m*)   brother
hija (*f*)   daughter
hijo (*m*)   child, son
hijos (*m pl*)   children
historial (*m*)   curriculum vitae, record (dossier)
hola   hello
holandés   Dutch
hombre (*m*)   man
hora (*f*)   hour, time
horario (*m*)   timetable
horario de trabajo (*m*)   working hours
horno (*m*)   oven
hoy   today
huevo (*m*)   egg
húmedo   damp, humid

I
idioma (*m*)   language
iglesia (*f*)   church
ilimitado   unlimited
imprescindible   essential
impreso (*m*)   form
  rellenar un impreso   to fill in a form
impuesto (*m*)   tax
incluir   to include
incorporación (*f*)   appointment
indígena   indigenous, Indian
individual   single
industrializado   industrialized
infantil   child
informe (*m*)   report
ingeniería (*f*)   engineering
ingeniero (*m*)   engineer
Inglaterra (*f*)   England
inglés   English

ingreso (*m*)   income, revenue
iniciar   to begin, to start
iniciativa (*f*)   initiative
insonorización (*f*)   soundproofing
instalación (*f*)   plant, installation
instituto (*m*)   secondary school
integrado por   made up of
interesar   to interest
interrumpir   to interrupt
introducido: bien –   well established
invierno (*m*)   winter
inyección (*f*)   injection
ir   to go
isla (*f*)   island
IVA (*m*)   VAT
izquierdo   left
  izquierda (*f*)   left (political)
  a la izquierda   to the left, on the left

J
jamón (*m*)   ham
jamón serrano (*m*)   cured ham
jamón York (*m*)   boiled ham
jardín (*m*)   garden
jefe (*m*)   head, boss
jefe de márketing (*m*)   marketing manager
jefe de redacción (*m*)   chief editor
jornada (*f*)   day
joven   young
juego (*m*)   game, set
juguete (*m*)   toy
junta (*f*)   board, meeting
junto   together
  junto a   near to, next to, close to

L
la (*f*)   the
labor (*f*)   labour, work, task
lado (*m*)   side
  al lado   next door
  al lado de   next to
lamentar   to regret
langosta (*f*)   lobster
largo   long
  a lo largo de   alongside, all through (time), throughout
lástima: ¡qué lástima!   what a pity!
lavadora (*f*)   washing machine
lavar   to wash
lavavajillas (*m*)   dishwasher
leche (*f*)   milk
leer   to read
legumbre (*f*)   vegetable
lejos   far

lema (*m*)   theme, motto
lenguado (*m*)   sole
lento   slow
levantarse   to get up, to rise
libra (*f*)   pound
  libra esterlina   pound sterling
libremente   freely
licenciado (*m*)   graduate
líder   leading (*adj*)
ligero   light
línea (*f*)   line
litera (*f*)   bunk, berth
liviano   light
llamada (*f*)   call
  llamada telefónica (*f*)   telephone call
llamado (*m*)   so-called
llamar   to call
  me llamo   my name is
llanta (*f*)   tyre
llegada (*f*)   arrival
llegar   to arrive
llenar   to fill
llevar   to carry, to take, to wear (clothes)
  llevar tiempo haciendo algo   to have been doing something for some time
lograr   to achieve
longitud (*f*)   length
luego   later, then
lugar (*m*)   place
lugar: en su –   instead
luz (*f*)   light

M
madera (*f*)   wood
madre (*f*)   mother
madrileño (*m*)   inhabitant of Madrid
madrugada (*f*)   morning, dawn
maestro nacional (*m*)   state teacher
maíz (*m*)   corn
maleta (*f*)   suitcase
mandar   to send, to order
manejar   to manage, to work, to operate; to drive (Latin Am)
manera (*f*)   way
mano (*f*)   hand
mantener   to maintain
mantenimiento (*m*)   maintenance
mantequera (*f*)   butter dish
manzana (*f*)   apple
mañana (*f*)   tomorrow
marca (*f*)   make, brand
marcar   to dial
marido (*m*)   husband
marisco (*m*)   seafood

marrón brown
más more, most, else
  más que more than
materias primas (*f pl*) raw materials
matrícula (*f*) registration
mayor bigger, main, older
mayoría (*f*) majority
mayorista (*m*) wholesale dealer
me me, to me
mecánico (*m*) mechanic
mecanografía (*f*) typing
mediados de middle of
medianoche (*f*) midnight
medidas (*f pl*) measurements
medio (*m*) method, middle, means, half, average
mediodía (*m*) midday
mejor better
mejorar to improve, to get better
menor (*m*) younger
menos: al – at least
menú del día (*m*) day's menu
menudo: a – frequently, often
mercado (*m*) market
merluza (*f*) hake
mes (*m*) month
mesa (*f*) table, desk
mestizo (*m*) mixed race
metálico metal
metálico (*m*) cash
mexicano Mexican
mezcla (*f*) mixture
mi my
mí me
miembro (*m*) member
mientras while
millón (*m*) million
minería (*f*) mining
minuto (*m*) minute
mirar to look
mismo same
modales (*m pl*) manners
modo (*m*) way, means
modo, de – que so that
moneda (*f*) coin, money, change
montaña (*f*) mountain
moreno dark, brown
morir to die
mortero (*m*) mortar
mostrar to show
muchísimo very much
mucho much, a lot
  mucho gusto pleased to meet you, how do you do?
mueble (*m*) piece of furniture

muebles (*m pl*) furniture
muestrario (*m*) range of products, samples
mujer (*f*) woman, wife
multiplicar to multiply
mundial world
municipio (*m*) locality
mundo (*m*) world
música ambiental (*f*) piped music
muy very
  muy a menudo very often

N
nacimiento (*m*) birth
nacionalidad (*f*) nationality
nada nothing
  de nada don't mention it
Navidad (*f*) Christmas
naviero shipping
negocio (*m*) business
nevazón (*f*) snowstorm
ni neither, nor
ningún, ninguno (*m*) none
nitidez (*f*) spotlessness, clarity
nivel (*m*) level
noche (*f*) night
nombrar to appoint, to nominate
nombre (*m*) name
nor(d)este (*m*) northeast
noroeste (*m*) northwest
norteamericano North American
novio (*m*) boyfriend, groom
nuestro our
nuevo new
número (*m*) number
nunca never

O
objetos perdidos (*m pl*) lost property
obligar to force
obra en mi poder su carta I have received your letter
obtener to obtain
ocupar to occupy, to fill (post)
oferta (*f*) tender, bid, offer
  en – on offer
oficina (*f*) office
ofrecer to offer
oír to hear, to listen
ojo (*m*) eye
olivo (*m*) olive tree
olvidar to forget
operar to operate
opinar to hold an opinion
óptimo (*adj*) best

orden (*m*)   nature
ordenador (*m*)   computer
orgulloso   proud
oro (*m*)   gold
oscilar   to oscillate
otoño (*m*)   autumn
otro   other, another

P
padre (*m*)   father
padres (*m pl*)   parents
pagar   to pay
pago (*m*)   payment
país (*m*)   country
   país y ciudad de origen   country and city of
    origin
   País Vasco (*m*)   Basque Country
paisaje (*m*)   landscape, countryside
palabra (*f*)   word
pan (*m*)   bread
pantalones (*m pl*)   trousers
papel (*m*)   paper
   jugar un papel   to play a role
papelería (*f*)   stationery, stationery shop
paquete (*m*)   parcel, package
par (*m*)   pair
para   for, towards, in order to, by
   para que   in order that, so that
parada (*f*)   stop
   parada del autobús (*f*)   bus stop
parecer(se) a   to seem, to look like, to resemble
paro (*m*)   unemployment
parque (*m*)   park
parte (*f*)   part
   ¿de parte de quién?   Who shall I say?
partida (*f*)   departure
partir   to depart, to cut
   a partir de   from, as from
pasajero (*m*)   passenger
pasar   to go in, to come in, to pass, to spend
   (time), to happen
pasar por   to go through
paseo (*m*)   walk
   ir *or* **salir de paseo**   to go for a walk
patata (*f*)   potato
pedido (*m*)   order
pedir   to ask, to order
peluquería (*f*)   hairdresser
pensar   to think
pequeño   small
percatarse   to realize
perder   to lose
perdido   lost
periódico (*m*)   newspaper

periodista (*m/f*)   journalist
permiso de trabajo (*m*)   work permit
permiso para conducir (*m*)   driving licence
permitir   to allow
pero   but
pesca (*f*)   fishing
peso (*m*)   weight
peso (*m*)   South American currency (e.g. Chile,
   Mexico, Argentina)
pesquero   fishing
   industria pesquera   fishing industry
petróleo (*m*)   oil
picadillo (*m*)   minced meat
pie (*m*)   foot
   a pie   on foot
piel (*f*)   leather, skin
pincho (*m*)   skewer
piscina (*f*)   swimming pool
piso (*m*)   flat, floor, storey
pista (*f*)   court
plano (*m*)   plan
planta baja (*f*)   ground floor
plantilla (*f*)   staff
plata (*f*)   silver
plátano (*m*)   banana
plato principal (*m*)   main dish
playa (*f*)   beach
plaza (*f*)   square, place
plazo fijo (*m*)   fixed term (deposit)
población (*f*)   population, settlement, town or
   city
pobre   poor
poco   little, short (time)
poder   can, be able to
policía (*m*)   policeman
policía (*f*)   police force
póliza (*f*)   policy
por   for, by, through, in, along, per
   por aquí   this way
   por cien(to)   per cent
   por ejemplo   for example
   por favor   please
   por la mañana   in the morning
   por la noche   at night
   por la tarde   in the afternoon/evening
   por lo tanto   therefore
   por supuesto   certainly
porcentaje (*m*)   percentage
portero (*m*)   porter
postal (*f*)   postcard
postre (*m*)   dessert
preaviso (*m*)   notice
precio (*m*)   price
precisar   to require

preferir   to prefer
preparación (f)   training
presencia (f)   presence
  tener buena presencia   to be presentable, smart
presión (f)   pressure
prestigio (m)   prestige
previo: sin – aviso   without notice
previsto   foreseen, planned
primavera (f)   spring (time)
primera vez (f)   first time
primordial   main
procedencia (f)   source, origin
procedente de   coming from
procesamiento de datos (m)   word processing
productividad (f)   productivity
producto nacional bruto (m)   gross national product
profesión (f)   profession
profesor (m)   teacher
promedio (m)   average
promoción (f)   promotion
pronto   soon
propietario (m)   owner
propio   own
proporcionar   to give, to provide, to supply
propuesta (f)   proposal
próspero   prosperous
provenir   to come from, to arise from, to stem from
próximo   next
  más próximo   nearest
publicidad (f)   publicity
pueblo (m)   village, small town, people
puente (m)   bridge
puerto (m)   port
  puerto franco (m)   free port
pues sí   well yes
puesto (m)   post
punto (m)   point, dot

Q
que (rel pron)   what, that
  ¡Qué hay!   hello, how are you?
  ¡Qué tal!   hello, how are you?
quedarse   to stay
  me la quedo   I'll take it
querer   to want, to wish, to love
queso (m)   cheese
quien   who
química (f)   chemistry
químico (m)   chemist, chemical

R
ración (f)   portion, helping

ramo (m)   branch, area
rapidez (f)   speed
rato (m)   moment, while
  a razón de   because of, due to, at the rate of
  en razón de   with regard to
  tener razón   to be right
realizar   to carry out, to perform, to undertake
rebaja (f)   reduction
recado (m)   message
reciente   recent
reclamación (f)   complaint
recoger   to collect, to pick up
recursos naturales (m pl)   natural resources
red (f)   network, net
redactar   to edit
referente   concerning
regalo (m)   present
  regalo de bodas (m)   wedding present
  regalo de despedida (m)   leaving present
registrar (m)   to register, to show, to record
regresar (m)   to return
regreso (m)   return
regulable   adjustable
Reino Unido   United Kingdom
relieve (m)   relief (geography)
rellenar   to fill in
reloj (m)   watch, clock
  reloj de pulsera (m)   wristwatch
remolacha (f)   (sugar) beet
renovación (f)   renewal
rentable   profitable
reparación (f)   repair
reparar   to repair
representante (m)   representative
reserva (f)   confidentiality, reservation
responder   to answer
responsable (m)   person in charge
retraso (m)   delay
retribución (f)   remuneration
reunión (f)   meeting
reunirse   to meet
revelado (m)   film processing
riesgo (m)   risk
riqueza (f)   wealth, riches
robo (m)   theft
rogar   to ask, to pray
ropa (f)   clothes
  ropa interior (f)   under clothing

S
saber   to know
sala (f)   room, lounge, hall, sitting room
salario (m)   salary
salchichón (m)   (salami–type) sausage

salir   to go out, to leave, to turn out, to prove
salón (*m*)   sitting room
salud (*f*)   health
salud pública (*f*)   public health
saludar   to greet
sartén (*f*)   frying pan
secretaria (*f*)   secretary
   secretaria de dirección   private secretary
seguir   to follow, to continue
segundo   second
seguro (*m*)   insurance
sello (*m*)   stamp
semana (*f*)   week
   semana laboral (*f*)   working week
señor (*m*)   Mr, sir, gentleman
señora (*f*)   lady, wife, Mrs, madam
señorita (*f*)   young lady, Miss
sentarse   to sit down
sentido común (*m*)   common sense
sentir   to be sorry about
   lo siento   I'm sorry
sentirse   to feel
   sentirse mal   to feel sick
sequedad (*f*)   dryness
ser   to be
servicio (*m*)   service
servicios (*m pl*)   service industries, toilets
servir   to be useful, to serve
si   if, whether
sí   yes
siderurgia (*f*)   iron and steel industry
siderúrgica (*adj*)   iron and steel, iron and steel works
siempre   always
   siempre que   as long as
siendo   being
siéntese   sit down
sifón (*m*)   soda siphon
siguiente   next, following
silla (*f*)   chair
sin   without
síntesis (*f*)   synthesis
situado   situated
soberanía (*f*)   sovereignty
sobre   about, on, above
sobre (*m*)   envelope
sobrepasar   to exceed
sobrio   moderate
sol (*m*)   sun
solamente   only
soler   to be in the habit of, to usually
solicitar   to ask for, to apply for
solicitud (*f*)   application, petition
   solicitud de apertura (*f*)   application to open
     an account

solo   alone
sólo   only
solomillo (*m*)   sirloin
soltero   single, bachelor
sonar   to sound, to ring
su   your, his, her, its, their
suave   soft, light, smooth
subdesarrollo (*m*)   underdevelopment
sueldo (*m*)   salary
sujeto a   subject to
superación (*f*)   improvement, doing better
superficie (*f*)   surface, area
superior   higher
supermercado (*m*)   supermarket
suponer   to suppose, to assume
   supongo que sí   I suppose so
supuesto, por supuesto   of course

T
tabaquería (*f*)   tobacco shop (Méx)
tabla (*f*)   board
   tabla de planchar (*f*)   ironing board
tal   such
   tal como   such as
   ¿Qué tal?   How are you? What about ...?
talón (*m*)   counterfoil, cheque (Spain)
tamaño (*m*)   size
también   also
tan   so
tanto   so much, as many, so
   tanto A como B   both A and B
   un –   rather
tarde (*f*)   afternoon, evening
tarjeta (*f*)   card
   tarjeta de turista (*f*)   tourist card
   tarjeta postal (*f*)   postcard
tasa (*f*)   rate, estimate, valuation
tasa de desempleo (*f*)   unemployment rate
telefónica: compañía – (*f*)   telephone company
teléfono (*m*)   telephone
tener   to have
   tener – años   to be – years old
   tener derecho a   to be entitled to
   tener lugar   to take place
   tener que   to have to
térmico   thermal
terminar   to end, to finish
terraza (*f*)   balcony, terrace
terrestre (*adj*)   land, terrestrial
tiempo (*m*)   weather, time
tiempo: ¿cuánto tiempo?   how long?
tienda (*f*)   shop, tent
tintorería (*f*)   dry-cleaner
tipo (*m*)   kind, type, class

tocador: artículos de – (*m pl*)   toiletries
todo   everything, all, everyone
   Todos los Santos   All Saints' Day
tomar   to take, to drink, to eat
tomar nota   to take notes
tono (*m*)   tone
tortilla española (*f*)   Spanish omelette
trabajar   to work
trabajador (*m*)   worker
trabajador   hard working
trabajo (*m*)   work, job, occupation
traducir   to translate
traductor (*m*)   translator
traer   to bring
tráigame   bring me
tráiganos   bring us
transbordar   to change (trains etc)
transbordo (*m*)   change (trains etc)
trasero   back
tratado de libre comercio (*m*)   free trade
   agreement
trato (*m*)   treatment
través: a – de   through, by means of
trayecto (*m*)   leg, journey
tren (*m*)   train
trigo (*m*)   wheat
triunfo (*m*)   victory, triumph
turismo (*m*)   tourism
turista (*m*)   tourist
turístico   touristic

U
último   last
un   a, an, one
unir   to join
universidad (*f*)   university
universitario   university (*adj*)
unos   about, around
usted, Ud. (Latin Am), **Vd.**   you (*sing* polite form)
usuario (*m*)   user

V
vacaciones (*f pl*)   holidays
   vacaciones retribuidas (*f pl*)   paid holidays
vagones de ferrocarril (*m pl*)   railway carriages
valer   to be worth, to cost, to be good
valía (*f*)   worth
variedad (*f*)   variety
vasco   Basque
vasto   vast, substantial
veces (*f pl*)   times
   a veces   sometimes
   veces (dos, tres –)   twice, three times etc

vehículo (*m*)   vehicle
velocidad (*f*)   speed, gear
velocidades (*f pl*)   gears
vendedor (*m*)   salesman
venezolano   Venezuelan
venir   to come
venta (*f*)   sale
ver   to see
verano (*m*)   summer
verdad (*f*)   truth
¿verdad?   right?
verde   green
verdura (*f*)   green vegetable, green, greenery
vez (*f*)   time
   alguna vez   ever, sometime
   una vez   once
vez, de – en cuando   from time to time
viajante (*m*)   traveller
viajar   to travel
viaje (*m*)   trip, journey
viaje puente (*m*)   shuttle service
viajero (*m*)   traveller
   cheque de viajero   traveller's cheque
vías: países en – de desarrollo (*m pl*)   developing
   countries
vida (*f*)   life
vida: condiciones de – (*f pl*)   living conditions
viento (*m*)   wind
viento (hace –)   it's windy
viernes   Friday
Viernes Santo   Good Friday
vigor   as from
vino (*m*)   wine
visado (*m*)   visa, permit
vista (*f*)   sight, view
   a la vista   at sight
vivienda (*f*)   accommodation, housing, house
vivir   to live
volante (*m*)   steering wheel
volver   to return
vuelo (*m*)   flight

Y
y   and
ya   already
   ya no   not any longer
yacimiento (*m*)   deposit (mineral)
yo   I

Z
zapato (*m*)   shoe
zona (*f*)   region, zone